AF450916

INTELIGENCIA FINANCIERA

JESÚS CHECA

www.inteligenciafinanciera.guiaburros.es

EDITATUM

Primera edición: Mayo de 2018

Segunda edición: Septiembre de 2019

ISBN: 978-84-948776-3-6

Depósito legal: M-17723-2018

Impreso en España/ Printed in Spain

Si después de leer este libro, lo ha considerado como útil e interesante, le agradeceríamos que hiciera sobre él una **reseña honesta en Amazon** y nos enviara un e-mail a **opiniones@guiaburros.es** para poder, desde la editorial, enviarle **como regalo otro libro de nuestra colección.**

Agradecimientos

Quiero expresar mi agradecimiento a todas las personas que en un momento u otro de mi vida han formado o siguen formando parte de ella, porque de alguna manera todos ellos han contribuido para que yo hoy sea la persona que soy.

Sobre el autor

 **Jesús Checa** comenzó su actividad laboral en el mundo de la publicidad –hace ya más de 30 años– tomando contacto por primera vez con los procesos y estrategias utilizados en el *marketing*, la publicidad y la comercialización.

Posteriormente desarrolló su trabajo –siempre relacionado con el *marketing* y las ventas– en empresas de diversos sectores. Tras pasar por el sector químico trabajó en informática y ofimática dentro de la firma italiana Olivetti.

Con *Selected Information Center* fue director del equipo de investigación de mercados en la zona centro. A continuación se encargó del área de *marketing* comercial en la aseguradora inglesa Kairós, pasando después a la revista *Desafío Tecnológico*, donde fue director de *marketing* y desarrollo comercial.

Durante un tiempo estuvo en contacto con el mundo de la educación desarrollando acciones para promover la formación y la comunicación interdepartamental dentro de las PYMES.

Fundó su primera empresa en el 2014, con el fin de aportar valor añadido a las Pymes mediante la optimización de la gestión de recursos empresariales. Ahora está centrado en el reto profesional de acercar a todos los ciudadanos españoles la información necesaria para que creen y gestionen adecuadamente su patrimonio económico.

Índice

Inteligencia financiera

Es posible que te preguntes qué es la inteligencia financiera. Si te has hecho esta pregunta permíteme que te felicite porque mantienes viva tu curiosidad, uno de los motores que ha impulsado el desarrollo del ser humano desde la prehistoria.

Para entender qué es la inteligencia financiera primero trataré de explicar qué entendemos por inteligencia. La palabra inteligencia provienen de latín *intelligentia,* término compuesto por el prefijo *inter* «entre», el verbo *legere* «escoger, leer, separar», y los sufijos *nt* e *ia.*

Esto nos da información sobre el significado de la palabra, que indica la habilidad (*ia*) del que (*nt*) sabe escoger (*legere*) entre (*inter*) varias opciones. Así pues, ser inteligente es saber escoger la mejor alternativa entre varias opciones.

En 1904 Alfred Binet (1857-1911) y Theodore Simon (1873-1961), dos investigadores franceses, desarrollaron por encargo del ministro francés de educación el primer test de inteligencia moderno en la historia del CI (coeficiente intelectual), con el fin de valorar la inteligencia en los niños.

En estas pruebas se miden en unos minutos la lógica, la deducción, la capacidad de razonamiento, las habilidades numéricas y las habilidades verbales, para determinar si el niño es inteligente o no. Sin embargo, no hay acuerdo sobre la fiabilidad de estas pruebas.

En 1983 Howard Gardner, psicólogo, investigador y profesor en Harvard escribió el libro *Inteligencias múltiples: La teoría en la práctica*, donde explica el modo en que las personas desarrollamos las capacidades más importantes para nuestro modo de vida, exponiendo la idea de que los indicadores de inteligencia, como el cociente intelectual, no explican plenamente todo lo relativo al conocimiento del ser humano.

Hay personas que, a pesar de obtener excelentes calificaciones académicas, encuentran problemas importantes para relacionarse con otras personas o para desenvolverse en otros aspectos de su vida. ¿Quién dirías que es más inteligente, Einstein o Mozart?

Para triunfar como científico, en los negocios o en la música, es necesario ser inteligente, pero cada campo requiere un tipo de inteligencia distinto. No mejor ni peor, pero sí distinto; por eso el profesor Gardner define la inteligencia como una red de conjuntos autónomos relacionados entre sí.

En principio, Gardner y su equipo de investigación propusieron que existían siete tipos distintos de inteligencia:

1. **Lingüístico-verbal:** la utilizamos cuando contamos una historia con emoción, cuando somos capaces de explicar de forma sencilla un procedimiento complejo, etc.

2. **Lógico-matemática:** útil para resolver problemas ló
gicos, puzzles, realización de cálculo numérico.

3. **Corporal-cinestésica:** nos proporciona la capacidad
para coordinar movimientos corporales, crear y mani-
pular objetos físicos con nuestras manos.

4. **Musical:** con ella tenemos capacidad para interpretar
y manejar la música. Esta capacidad es comúnmente
reconocida como "buen oído" u "oído musical".

5. **Espacial:** la tienen quienes pueden hacer modelos
mentales en tres dimensiones. Es necesaria para inge-
nieros, cirujanos, escultores, marinos, arquitectos, etc.

6. **Interpersonal:** nos permite entender a los demás. Es
muy útil para manejar las relaciones humanas y la empatía con la que nos "ponemos los zapatos del otro",
reconociendo sus motivaciones, razones y emociones.

7. **Intrapersonal:** sirve para que nos formemos una
imagen auténtica clara y nítida de nosotros mismos,
entendiendo nuestras necesidades, características,
cualidades y defectos.

Posteriormente, este equipo de investigadores definió
cinco tipos más de inteligencia; cada uno de nosotros
podemos tener instintivamente una o varias de estas inteligencias, pero si no es así no hay por qué preocuparse,
porque toda forma de inteligencia puede ser entrenada
y mejorada con el tiempo, como si de un músculo se
tratase.

En 1995 Daniel Goleman, psicólogo estadounidense, publico el libro *Inteligencia Emocional*, donde explicaba qué habilidades emocionales como el autocontrol, el entusiasmo, la empatía, la perseverancia y la capacidad para motivarse a uno mismo hacen de una persona un fracasado o un líder, dependiendo del uso que se haga de ellas.

Este autor nos dice, respaldado por abundantes investigaciones, que parte de esas habilidades pueden venir con nosotros cuando nacemos, otras las aprendemos durante nuestros primeros años de vida, y si no es así, pueden adquirirse y perfeccionarse más adelante, utilizando los métodos adecuados.

Si utilizas adecuadamente este libro desarrollarás tu inteligencia financiera, porque es posible entrenar y mejorar la inteligencia financiera de igual modo que cualquier otra de las inteligencias que hemos visto anteriormente, consiguiendo además mejorar progresivamente tu situación económica, personal y anímica.

Sí, sí, he dicho anímica. Y si no, hazte una pregunta: ¿cómo crees que puedes estar más relajado, con una cuenta corriente en la que haya un saldo de 100 € o contando con inversiones o sistemas de ahorro con los que hayas conseguido construirte un colchoncito financiero de 40.000 €?

Como con cualquier otro aprendizaje, es imprescindible estar dispuesto a derribar prejuicios, barreras y opiniones interesadas para conseguir progresar.

Igual que existen muchos tipos de problemas, hay diversas inteligencias que te ayudarán a resolverlos. Hoy puedes comenzar a desarrollar tu inteligencia financiera. Te invito a descubrir una nueva perspectiva desde la que podrás tomar decisiones financieras que mejorarán tu vida.

Dinero y vida en sociedad

Vivimos en una época en la que el dinero es un elemento esencial para sobrevivir. La mayoría de las necesidades del ser humano solo pueden cubrirse a cambio de dinero. Hace unas décadas se cerraban tratos con un apretón de manos y se podían realizar todo tipo de transacciones mediante el trueque, pero en esta sociedad en la que vivimos sin dinero no tenemos acceso a casi nada.

La primera preocupación de una persona es cubrir sus necesidades más básicas o fisiológicas como respirar, beber agua, dormir, comer, mantener relaciones sexuales y un techo bajo el que vivir, pero el ser humano es un ser social por naturaleza y también necesita mantener relaciones sociales con otros individuos de su misma especie.

Los humanos vivimos formando parte de una red social compuesta por muchas personas, y cuando nos relacionamos con esas personas es muy probable que necesitemos disponer de dinero para tomarnos algo, ir al cine, etc.

Tener dinero nos permite también acceder a una serie de complementos, un coche, ocio, cultura, sanidad, etc., que indican a las personas con las que nos relacionamos cuál es nuestra capacidad económica.

Casi todo del mundo desarrolla alguna actividad para conseguir dinero, y dependiendo del tipo de actividad que realicemos (un trabajo, un negocio, una venta, etc.), obtenemos unos ingresos u otros.

La mayoría de las personas que viven en nuestra sociedad dependen de sus ingresos para sobrevivir, y esperan, con más o menos entusiasmo, unos el nuevo mes, otros algún pago pendiente de cobro, etc., para recibir algo de dinero fresco.

Se trata de un dinero que se desvanece rápidamente cuando empiezas a pagar la hipoteca o el alquiler de la vivienda, el agua, la luz, etc. , en un ciclo de ingresos y gastos que nunca acaba, un círculo vicioso del que unos escapan y otros muchos no.

Librarse de esa repetitiva e inacabable secuencia, o por el contrario vivir en la queja y la excusa el resto de la vida tiene que ver únicamente con lo que cada individuo decida hacer: aceptar y perpetuar la realidad actual o proponerse cambiarla comenzando a hacerlo ahora.

La curiosidad, motor de los progresos humanos, y la búsqueda de nuevos caminos desbaratan ese ciclo repetitivo que nos agota humana y económicamente, dándonos la oportunidad de aprender y desarrollar estrategias con las que abandonar ese camino que conduce hacia la desolación.

Si alguien decide tener un huerto en casa para disponer de verduras frescas, aprenderá sobre horticultura; si queremos contar con una economía saneada para disponer de una vida mejor necesitamos entender cómo funciona el mundo del dinero.

Este libro es una buena herramienta para entender cómo desenvolverte en el mundo del dinero, el mundo financiero. Lo he hecho para ti, para que resuelvas dudas y lo utilices en tu propio beneficio.

Contiene información clara, sencilla, amena y útil que te ayudará a vigorizar tu economía consiguiendo que esté sana, promueva tu desarrollo económico y así disfrutes de una vida mejor.

Espero que su lectura te ayude a cambiar tu percepción del mundo del dinero y te estimule para trabajar desde hoy en conseguir un mañana mejor, aunque para eso tengas que cortar alguna rama, como sucede en esta historia.

📖 EL HALCÓN QUE NO PODÍA VOLAR

Hace muchos, muchos años, en una tierra muy al este de este lugar donde vivimos nosotros, un hombre recibió como obsequio dos crías de halcón y se dedicó personalmente a entrenarlas.

Pasados unos meses, el hombre había educado a uno de los halcones, pero no sabía qué le sucedía al otro. Desde que se lo habían entregado no se había movido de la rama, hasta tal punto que había que llevarle el alimento.

El hombre llamó a curanderos y sanadores, pero nadie pudo hacer volar al ave. Entonces, un amigo le habló de un campesino que tenía fama de ser el mejor adiestrador de aquellas latitudes.

Cuando el vecino trajo al campesino le condujo adonde estaba el animal, y al poco el dueño de la casa vio al halcón volando en sus jardines.

—¿Dónde está al autor de este milagro? —dijo.

Ante él apareció el campesino. Entonces el dueño de los halcones le preguntó:

—¿Cómo lograste que el pichón volara? ¿Acaso eres un mago?

—No fue difícil —explicó el campesino—. Tan solo corté la rama, entonces el animal se dio cuenta de que tenía alas y echó a volar.

Elección personal

Somos organismos vivos y cada uno de nosotros tenemos nuestras propias características personales, de edad, sexo, etc., que nos diferencian de los demás. También tenemos unas circunstancias que están alrededor de nosotros, influyéndonos.

El carácter de cada persona viene determinado por sus características personales y por las circunstancias que le rodean.

En cada momento de nuestra existencia convivimos con otras personas y nos enfrentamos a distintas situaciones, cada una de ellas con sus propias particularidades, que resolvemos tomando las decisiones que creemos son más adecuadas.

Diariamente decidimos cientos de veces, en muchas ocasiones sin pararnos a pensar, y estamos donde estamos como resultado de los millones de decisiones que hemos tomando a lo largo de nuestras vidas.

Algunas son frecuentes. Por ejemplo, si al oír el despertador tienes mucho sueño, decides darte cinco minutos más de margen.

Si esos "cinco minutos" se convierten en quince tendrás que decidir si desayunar o ducharte, porque no hay tiempo para las dos cosas.

Cada día tomamos infinidad de pequeñas decisiones, y en algunos momentos de nuestra vida nos enfrentamos a decisiones trascendentales.

Probablemente la primera decisión trascendental sea elegir si queremos realizar estudios superiores o si por el contrario preferimos dejar los estudios y trabajar.

Si optamos por estudiar tenemos que decidir el módulo o la carrera a estudiar; si decidimos trabajar tendremos que elegir en qué trabajaremos.

¿Cuántas decisiones trascendentales tomamos a lo largo de nuestra vida? ¿Diez, cien, doscientas...? En contrapartida, desde que nos levantamos por la mañana hasta que nos acostamos por la noche, tomamos cientos de decisiones cotidianas.

Cada decisión que tomamos, sea trascendental o cotidiana, tiene un efecto sobre nuestra vida y sobre nuestro entorno.

Existe un principio o "ley de causa y efecto", que dice: "Todo lo que hacemos pone en movimiento una causa, y esta trae una consecuencia, positiva o negativa".

Que el efecto sea positivo o negativo es resultado de la causa puesta en movimiento.

Nuestro mundo es como es por las decisiones que tomaron nuestros antepasados y por las que hemos estado tomando las personas que vivimos hoy.

El mundo en el que viviremos nuestra vida mañana será el efecto de las decisiones que tomemos, todos nosotros, de hoy en adelante.

También tu propia vida será la consecuencia de las decisiones que tomes tú de hoy en adelante.

📖 EL HACHA AFILADA

Un joven llegó a un campamento de leñadores con el propósito de conseguir trabajo. Habló con el capataz y este, al ver la fortaleza del joven, lo aceptó sin pensárselo y le dijo que podía comenzar a trabajar al día siguiente.

Durante su primer día de trabajo el joven cortó muchos árboles; el segundo día trabajó tanto como el primero, pero su producción fue apenas la mitad del primer día.

El tercer día se propuso mejorar su producción. Desde el primer momento golpeaba el hacha con toda su furia contra los árboles, y aun así los resultados fueron nulos.

El capataz se dio cuenta del escaso rendimiento del trabajo del joven leñador. Se acercó a él y le pregunto:

—¿Cuándo fue la última vez que afilaste tu hacha?

El joven respondió:

—Realmente no la he afilado, porque he estado demasiado ocupado cortando árboles.

El joven leñador se entregaba con pasión a su trabajo, pero no conseguía los resultados deseados porque descuidaba una tarea imprescindible para la realización del mismo: afilar el hacha.

En este caso la causa era no afilar el hacha, y el efecto no conseguir un resultado satisfactorio en relación al trabajo realizado.

Hace ya tiempo que practico un divertido juego que me ha sido muy útil. Intento averiguar cuáles son las causas que han desencadenado los efectos que me van produciendo beneficios o perjuicios.

Te invito a que lo pruebes. A mí me ha proporcionado momentos divertidos y me ayuda a ser menos complaciente conmigo mismo. Desde que lo practico no responsabilizo a los hados de lo que me pasa.

Hoy nuestra vida es el resultado de las decisiones que hemos ido tomando en los años pasados.

No sé si ahorras o no; ignoro si inviertes, y cómo te gusta invertir, pero me voy a permitir hacerte una pregunta: ¿Te gustaría estar dentro de diez años en la misma situación que hoy?

Un almacén lleno de tesoros

Aunque alguien tenga un almacén lleno de tesoros, si no lo abre, se morirá de hambre.

Cada persona tiene su historia y cada uno sabe cuánto le ha costado llegar hasta donde está. Sin embargo, hay algo que todos compartimos: la necesidad imperativa de aprender.

Hablar de aprendizaje es hablar de adquisición o modificación de habilidades, destrezas, conocimientos, conductas o valores como resultado del juego, el estudio, la práctica, la experiencia, la instrucción, el razonamiento y la observación.

Unas veces aprendemos sin darnos cuenta, sin intención, de forma inconsciente. Cuando somos niños y jugamos corriendo detrás de una pelota, aprendemos mientras jugamos, aunque no seamos conscientes de ello. Jugar incorpora esa habilidad a nuestro comportamiento.

Otras veces lo hacemos observando y prestando atención, y también por medio de la experiencia, que nos aporta datos útiles para tomar decisiones, aunque sea una dura maestra que enseña mediante el binomio ensayo/error. Y a veces aprendemos porque decidimos hacerlo y utilizamos libros, o buscamos alguien que pueda enseñarnos sobre lo que hemos decidido aprender.

Nuestra mente es el llavero, y cada conocimiento, habilidad, destreza, etc. que incorporamos es una llave con la que podremos abrir un nuevo almacén lleno de tesoros.

Cuando decidimos aprender sobre algo, muy a menudo descubrimos que las ideas previas –y en muchos casos desfavorables– que teníamos sobre lo que estamos aprendiendo no eran correctas porque no disponíamos de la información adecuada.

Los prejuicios y opiniones son barreras que impiden incorporar nuevas conductas, conocimientos, habilidades, etc., porque los prejuicios están construidos con opiniones elaboradas a partir de datos incompletos, erróneos o incluso interesados; y estos, como define la Real Academia Española de la Lengua, generalmente son desfavorables.

📖 EL PESO DE LAS CREENCIAS

Dos jóvenes monjes fueron enviados a visitar un monasterio cercano. Ambos vivían en su propio monasterio desde niños y nunca habían salido de él. Su mentor espiritual no cesaba de hacerles advertencias sobre los peligros del mundo exterior y lo cautos que debían ser durante el camino. Especialmente incidía en lo peligrosas que eran las mujeres para unos monjes sin experiencia:

—Si veis una mujer, apartaos rápidamente de ella, todas son una tentación muy grande. No os acerquéis a ellas, ni mucho menos las habléis, y por nada del mundo se os ocurra tocarlas.

Ambos jóvenes estaban decididos a obedecer las advertencias recibidas, y con la excitación que supone una experiencia nueva se pusieron en marcha.

A las pocas horas, a punto de vadear un río, escucharon una voz de mujer que se quejaba lastimosamente detrás de unos arbustos, y uno de ellos hizo ademán de acercarse.

—Ni se te ocurra —le atajó el otro—. ¿No te acuerdas de lo que nos dijo nuestro mentor?

—Sí, me acuerdo, pero voy a ver si esa persona necesita ayuda—contestó su compañero.

Dicho esto, se dirigió hacia el lugar de donde provenían los quejidos y vio a una mujer herida y desnuda. Cuando ella le vio, dijo:

—Por favor, socorredme, unos bandidos me han asaltado, robándome incluso las ropas, yo sola no tengo fuerzas para cruzar el río y llegar hasta donde vive mi familia.

El muchacho, ante el estupor de su compañero, cogió a la mujer herida en brazos y cruzando la corriente la llevó hasta su casa situada cerca de la orilla.

Allí los familiares la atendieron y mostraron el mayor agradecimiento al monje, que poco después regresó junto a su compañero para reemprender el camino.

—¡Qué horror! No sólo has visto a esa mujer desnuda, sino que además la has tomado en tus brazos —decía su compañero, recriminándole una y otra vez.

Pasaron las horas, y el otro no dejaba de recordadle lo sucedido:

—¡Has cogido a una mujer desnuda en brazos! ¡Has cogido a una mujer desnuda en brazos! ¡Ignorando las advertencias de nuestro mentor!

El joven monje se paró delante de su compañero y le dijo:

—Yo solté a la mujer al cruzar el río, pero tú todavía la llevas encima.

En la vida real, igual que en esta historia, algunos se aferran a creencias, instrucciones o advertencias, y otros toman sus decisiones teniendo en cuenta las circunstancias que acompañan cada situación.

Nuestras convicciones más arraigadas, más indubitables, son las más sospechosas. Ellas constituyen nuestro límite, nuestros confines, nuestra prisión.

JOSÉ ORTEGA Y GASSET (1883-1955)

FILÓSOFO Y ENSAYISTA ESPAÑOL

Para aprender eficazmente necesitamos información teórica acompañada de una parte práctica para ejercitar la teoría adquiriendo experiencia y habilidad.

Cada persona tiene una forma de ser, pensar, y un modo de interpretar la información. Si quieres comprobarlo reúne a un grupo de personas, cuéntales la misma historia y después pídeles que la escriban. Comprobarás que no hay dos historias iguales. Semejantes sí, pero iguales ninguna.

Incorporar nuevos conocimientos modifica nuestra percepción de la realidad, nuestro punto de vista y nos permite disfrutar de una perspectiva distinta dependiendo de la situación y el momento en que nos encontremos. Incorporar nuevos conocimientos incrementa nuestra capacidad para ver detalles que de otra forma pasarían inadvertidos y nos permite disfrutar de un mundo distinto, mas rico.

Vivimos en la sociedad digital, la sociedad de la información. Dicen que la cantidad de información existente se duplica en unos pocos años, ya que las nuevas tecnologías facilitan la creación, distribución y acceso a todo tipo de información.

En Internet encontraremos desde ideas que alguien considera verdaderas, pasando por opiniones, conjeturas y chismes, aunque también hay explicaciones razonadas sobre diversos temas que nos ayudan en el proceso de incorporación de llaves para la apertura de nuevos almacenes llenos de tesoros.

La cultura financiera te proporciona nuevos conocimientos, para incorporarlos y aprender a utilizarlos debes ponerlos en práctica y desarrollar las habilidades que te permitirán tomar decisiones financieras acertadas para crear y gestionar adecuadamente tu patrimonio personal.

Podemos pensar que las finanzas son para los especialistas en ese área, y sin embargo todos estamos involucrados en ellas en nuestro día a día: cuando comparamos calidad y precios en el supermercado, cuando vamos a comprar ropa o calzado, etc.

Comenzar a tomar las decisiones financieras adecuadas en nuestra economía diaria es el primer objetivo a cumplir, y tiene consecuencias directas sobre la cuenta corriente, la autoestima y las relaciones personales, produciendo un beneficioso impacto directo sobre nuestras vidas.

Tomar las riendas

Dice un proverbio chino:

"Un hombre sabio toma sus propias decisiones, mientras que un hombre ignorante sigue la opinión pública".

Se denomina actividad económica a cualquiera de los procesos en los que se generan e intercambian productos, bienes o servicios para cubrir las distintas necesidades del hombre.

La actividad económica genera riqueza dentro de una comunidad (ciudad, región, país, etc.) mediante la extracción, transformación y distribución de los recursos naturales, o bien por la realización de diversos servicios.

Cada persona desarrolla su trabajo en un área económica, y por realizarlo recibe una cantidad de dinero. Dependiendo del trabajo que cada uno realice obtendrá más o menos dinero.

La edad mínima para empezar a trabajar en España son 18 años, cuando llegamos a la mayoría de edad y tenemos plena capacidad para firmar un contrato de trabajo.

Una persona puede trabajar para otra persona, empresa o institución a cambio de un salario, puede crear su propio puesto de trabajo y ejercer de autónomo, o aportar el capital necesario y crear su propia empresa.

Las palabras castellanas "trabajo" y "trabajar" provienen del castellano antiguo *trebejare* (esfuerzo, esforzarse). La palabra "trabajo" procede del término latino *tripalĭum* (tres palos) y el verbo *tripaliāre* que significa "torturar" o "torturarse".

La relación entre la palabra trabajo y *tripalium* —vocablo del bajo latín del siglo VI de la Era Común— se origina cuando se comenzó a utilizar ese término, que se usaba para describir actividades que produjeran dolor en el cuerpo. En esa época la mayoría de la población trabajaba en el campo realizando un duro trabajo físico que los hacía sentir como si los hubieran apaleado.

Desarrollamos distintas actividades para conseguir los ingresos que nos permiten subsistir. Hay quienes trabajan para vivir y otros viven del trabajo de los demás. Espero y deseo que tu trabajo no sea un suplicio para ti como lo fue para quienes vivieron en el siglo VI E. C. y te haga sentir útil, te ayude a mejorar como ser humano y te proporcione seguridad económica y estatus social.

Hoy no hay una edad máxima para dejar de trabajar. Anteriormente existía una limitación por Ley a los 69 años, pero una sentencia del Tribunal Constitucional estableció que este límite era inconstitucional porque contradecía el derecho a trabajar.

En cuanto a la edad de jubilación, la tendencia actual y futura es retrasarla lo más posible. Desde 2013 los españoles trabajamos más años y cada vez cobraremos menos. Los que se jubilaron en 2017 con el 100 % de la pensión necesitaban tener cumplidos los 65 años y cinco meses.

Hasta 2018 la edad de jubilación se incrementará un mes por cada ejercicio, para a partir de esa fecha aumentar en dos meses cada año hasta el año 2027, cuando la edad de jubilación para los trabajadores españoles serán los 67 años.

Con el dinero que consigues por la realización de tu trabajo pagas los gastos de una casa, compras alimentos, ropa, gasolina, te diviertes, quizá pagas colegios, universidades, etc. En definitiva, tu economía como la de la mayoría de las personas se basa en generar ingresos para poder cubrir tus necesidades presentes y futuras.

La relación existente entre los ingresos que percibimos y los gastos o necesidades que tenemos que cubrir nos proporciona la información necesaria para comenzar a trabajar con nuestra inteligencia financiera.

Te propongo realizar unos sencillos ejercicios prácticos que te proporcionarán cuatro datos necesarios para tomar el pulso a tu economía.

Puedes usar la calculadora si quieres, y es imprescindible que cojas una hoja de papel o un documento de Word o similar, para ir tomando nota.

1. ¿Cuántos años hace que comencé a trabajar? **Anótalo.**

2. ¿Cuánto dinero tengo hoy?

Atención: únicamente puedes utilizar el dinero de la cuenta del banco, programas de ahorro o cualquier otra inversión que puedas convertir en dinero efectivo en pocos días.

No incluyas las propiedades, coche o coches, casas, etc., porque si las vendes estás reduciendo tu nivel de vida, es decir, estás deshaciéndote de cosas que has ido comprando con el fruto de tu trabajo y que te proporcionan posición dentro de la sociedad. **Anótalo.**

3. Ingresos mensuales. **Anótalo.**

4. Debes averiguar todos los gastos que cada mes soporta tu economía personal.

   A. Gastos mensuales:

   — Alquiler o hipoteca.

   — Comunidad de propietarios.

   — Luz.

   — Agua.

   — Gas.

   — Telefonía (fijo, móvil, ADSL).

   — Comida.

   — Créditos personales.

   — Letra del coche.

   — Gasolina.

   — Garaje.

Ocio.

— Ropa.

Si tienes hijos incluye también:

— Colegios.

— Actividades extraescolares.

— Universidades.

Y por supuesto cualquier otro gasto mensual, aunque no aparezca en esta lista.

Súmalo para obtener el primer subtotal de tu lista de gastos, el de los gastos mensuales.

B. Ahora los gastos trimestrales, semestrales o anuales:

— Seguros (hogar, automóvil, etc.)

— IBI (Impuesto de Bienes Inmuebles)

— TRUA (Tasa de Residuos Urbanos)

— IVTM (Impuesto de Vehículos de Tracción Mecánica)

Necesitas el importe mensual de estos pagos, por lo que debes dividir entre tres los pagos trimestrales, entre seis los semestrales y entre doce los anuales.

C. Por último, los gastos ocasionales:

— Cumpleaños.

— Vacaciones.

— Compras de Navidad.

— Etc.

Necesitas conocer el importe mensual de estos pagos, por lo que debes dividir los gastos anuales (vacaciones, cumpleaños, etc.) entre doce, si hay semestrales entre seis y los trimestrales entre tres.

Ahora suma los importes de los apartados A, B y C y ya tienes el segundo subtotal de tu lista de gastos.

Para finalizar, suma los gastos mensuales, los trimestrales, los semestrales, los anuales y los ocasionales para obtener el tercer dato que necesitas: el importe de los gastos mensuales. **Anótalo.**

No se cuánto tiempo hace que comenzaste a trabajar, ni si has conseguido acumular dinero desde ese momento o no. Lo que sí he aprendido es que no vale la pena perder el tiempo dándole vueltas al pasado, porque el pasado no se puede cambiar.

Cierto es que estamos donde estamos como resultado de las decisiones que hemos tomado, y también es cierto que por muy duramente que nos juzguemos o nos castiguemos no conseguiremos cambiar nuestra situación actual.

El lugar donde estaremos mañana será resultado de las decisiones que tomemos en el presente. Mirar atrás de forma constructiva nos ayuda a entender, nos permite corregir y cambiar lo que sea posible cambiar para obtener mejores resultados.

📖 ACEPTAR Y MODIFICAR

Cuentan que con frecuencia algunos discípulos del Buda Shakyamuni se lamentaban de que había acontecimientos o hechos que no podían modificarse, y en ocasiones incluso se esforzaban por cambiar situaciones inevitables. Al no conseguirlo, se quejaban de que hubiera sido así mientras el maestro soportaba pacientemente sus quejas y lamentos.

Un día reunió a todos los que procedían así y les dijo:

—Es de sabios saber qué debemos aceptar y qué podemos modificar; es de sabios aceptar lo inevitable y modificar lo que pueda, para bien, ser cambiado.

Después de unos momentos de pausa, agregó:

—Quiero que vayáis al estanque más cercano llevando con vosotros una roca y un bidón de aceite. Arrojad la roca al lago y echad una buena cantidad de aceite, regresad después y contadme lo sucedido.

Los discípulos siguieron las instrucciones de su maestro, llegaron hasta el estanque y arrojaron a sus aguas la roca y una buena cantidad de aceite. Estuvieron observando unos instantes lo sucedido y regresaron junto al maestro que les preguntó:

—¿Qué ha sucedido?

Uno de los discípulos habló por todos:

—Hemos comprobado que la roca se ha hundido y la mancha de aceite ha flotado.

Y el maestro les dijo:

—Pues aunque consumierais toda vuestra existencia sentados a la orilla del estanque anhelando que la roca flotase y la mancha de aceite se hundiese, no lo conseguiríais.

Nosotros tenemos que aceptar nuestra situación actual porque es la que es, sin embargo, podemos modificarla empezando a tomar las decisiones adecuadas.

Ahora con estos cuatro datos dispones de la información necesaria para tomar las riendas, continuar adelante, comenzar a organizar adecuadamente tu economía y a desarrollar tu inteligencia financiera.

Ser padres de nuestro futuro

Procuremos más ser padres de nuestro porvenir que hijos de nuestro pasado.

MIGUEL DE UNAMUNO (1864-1936)
ESCRITOR Y FILÓSOFO ESPAÑOL

El escritor y filósofo español Miguel de Unamuno nos dejó esta reflexión con la que nos invita a mirar hacia delante y ocuparnos del futuro, sin acarrear en nuestro caminar una maleta cargada con hechos pasados que puedan condicionar nuestro porvenir.

Cuando echamos la vista atrás encontramos información muy valiosa que nos permite conocer nuestros errores y nuestros aciertos; esto es esencial para entender nuestro presente.

Todo recorrido necesita tener un sentido; saber de dónde venimos explica nuestra situación actual y nos ayuda a tomar las decisiones necesarias para corregir lo que lo que necesite ser corregido y seguir mejorando.

Cada día, cuando nos levantamos después de una noche de sueño reparador comenzamos a tomar decisiones, y es algo que seguimos haciendo a lo largo de todo el día hasta que llega el momento en que decidimos ir a dormir. Esto es así todos los días de nuestra vida.

Ahora contamos con la información necesaria para comenzar a actuar:

1. Número de años trabajados
2. Dinero acumulado hoy
3. Ingresos
4. Gastos

Los dos primeros datos nos proporcionan información sobre cómo hemos gestionado nuestra economía hasta hoy. Si hemos construido una reserva económica, un colchoncito financiero con una parte de los ingresos que percibimos por nuestro trabajo, estamos de enhorabuena.

Más adelante definiremos el importe adecuado para conseguir una reserva que proporcione la capacidad económica suficiente para solventar cualquier eventualidad futura.

En cuanto al tercer y cuarto datos, ingresos y gastos, existen diversas posibilidades. Existen economías en las que los ingresos son estables. Sin embargo, en casi todas las economías los gastos pueden variar, porque si unos meses gastas menos, hay otros en los que los gastos se incrementan, pudiendo incluso superar a los ingresos.

Si un mes no has consumido todos tus ingresos y has guardado el dinero sobrante, podrás utilizarlo para cubrir esos pagos que a veces sobrepasan tu nivel de ingresos.

Los problemas surgen cuando hay más meses con gastos superiores a los ingresos, porque gastar más de lo que se gana es sumamente peligroso. Entonces se agotan las reservas y no hay más remedio que pedir dinero prestado para atender a los pagos.

Lo ideal en cualquier economía es que los gastos no superen el 90 % de los ingresos, para así poder contar con un "margen de maniobra". Si no es así, la vida diaria puede convertirse en una pesadilla y habría que estudiar cuáles son las causas que producen el desfase, con el fin de aplicar las medidas necesarias.

Si en nuestro presupuesto los gastos superan a los ingresos más a menudo de lo deseado, hay que actuar, y solo se puede hacer de dos formas: aumentando los ingresos o reduciendo los gastos.

📖 EL MIEDO DEL LEÓN

En una lejana sabana africana andaba perdido un león. Llevaba más de veinte días alejado de su territorio y la sed y el hambre lo devoraban. Por suerte, encontró un lago de aguas frescas y cristalinas. Corrió veloz a beber de ellas para así paliar su sed y salvar su vida.

Al acercarse, vio su rostro reflejado en esas aguas tranquilas.

—¡Vaya! el lago pertenece a otro león —pensó. Y aterrorizado, huyó sin llegar a beber.

La sed cada vez era mayor y él sabía que de no beber, moriría. A la mañana siguiente, armado de valor, se acercó de nuevo al lago. Igual que el día anterior, volvió a ver su rostro reflejado y de nuevo, presa del pánico, retrocedió sin beber.

Y así pasaron los días con el mismo resultado. Por fin, en uno de esos días comprendió que sería el último si no se enfrentaba a su rival. Tomó finalmente la decisión de beber agua del lago pasara lo que pasara. Se acercó con decisión al lago, nada le importaba ya. Metió la cabeza para beber y su rival, el temido león... ¡desapareció!

Dicen que la única puerta que no se abre es la que no se toca. Solo tú puedes evaluar qué posibilidades tienes de aumentar tus ingresos en el trabajo que desempeñas ahora, investigando si tienes posibilidades de mejorar tus condiciones económicas.

El primer paso puede ser sondear el mercado laboral. Así podrás averiguar lo que cobran los profesionales que desarrollan el trabajo que tú realizas, y confirmar si tus ingresos están bien, si son inferiores o superiores a la media.

Una vez dispongas de esta información tendrás una idea clara de cuál es tu situación en relación con el mercado laboral en general y con la organización para la que estés trabajando en particular, y podrás elaborar una estrategia u otra.

No cuesta mucho preparar un buen currículum, y a la vez que mantienes tu trabajo sondear en otras empresas, porque es posible que encuentres una oferta que mejore tus condiciones actuales.

Otra opción es mantener el trabajo que realizas ahora y comenzar a desarrollar alguna actividad paralela que te proporcione ingresos adicionales.

Haciendo una búsqueda en Internet encontrarás multitud de entradas que te proponen diversas formas para ganar dinero e incrementar tus ingresos.

Algunas de estas formas de ganar dinero extra son transitorias, porque se basan en vender objetos que no utilizas, y más pronto o más tarde habrás vendido todo lo que tienes guardado.

Hay otras que proponen diversas opciones con las que puedes generar ingresos alternativos. Si alguna de las propuestas que encuentras te encaja o crees que eres capaz de desarrollarla, adelante.

Sin embargo, por mucha información que no faciliten, y por muy seguros que estemos de que somos capaces de gestionarla satisfactoriamente, no está de más afinar lo más posible.

Tenemos ante nosotros una posible fuente de ingresos, y estamos convencidos de que puede resultar productiva. Ahora es recomendable emplear algún sistema que nos sirva para analizar, del mejor modo posible, la oferta que nos ha resultado atractiva.

Richard Branson, ciudadano inglés que disfruta de un patrimonio neto en torno a los 5.000 millones de dólares según la revista Forbes y es fundador de Virgin Group (compuesto por 360 empresas), utiliza este método, que aparece incluido en su libro *El estilo Virgin*, para tomar decisiones desde los principios de su carrera. Quizá pueda serte útil a ti:

1. **Encuentra todas las desventajas posibles**: Ten en cuenta todo aquello que pueda salir mal o fuera del plan y considera solo cifras y hechos reales para tomar tu decisión

2. **Limita al máximo las posibles pérdidas**: vas a comenzar una nueva actividad y ya conoces las posibles desventajas. Ahora establece un límite de perdidas de tal manera que si algo sale mal puedas continuar adelante con tu vida sin sufrir ningún descalabro, y la experiencia te sirva para aprender y cometer menos o ningún error la próxima vez.

3. **No actúes emocionalmente:** el miedo a perder una "oportunidad de oro" o incluso la avaricia nos pueden llevar a tomar decisiones emocionales. Nunca tomes decisiones apresuradas, tómate tiempo para organizar tus ideas y, más importante aún, para recopilar información que te permita tomar la decisión correcta.

4. **Evalúa cómo afectará a tu vida**: puede que tengas una oportunidad única esperándote, pero debes ser cuidadoso de no perder lo que ya tienes. ¿Cómo afectará esta decisión a tu vida y tus otros proyectos? Por muy tentadora que parezca una oportunidad, es posible que no sea el momento apropiado para tomarla. Piensa primero en cómo se verá afectada tu vida.

En todo este proceso tienes que ir avanzando a un ritmo cómodo para ti. No apresures nada porque cada cosa requiere su tiempo; lo importante es que te has puesto en marcha, la urgencia no ayuda, la persistencia si.

Reducir gastos

Cuando nos ingresan en la cuenta el dinero con el que hacemos frente a los gastos que soportamos tenemos que estar muy atentos, pues de lo contrario podemos encontrarnos que el dinero ha "desaparecido" de la cuenta del banco a la velocidad de la luz.

Cierto es que no desaparece por ningún tipo de sortilegio; lo hace porque no se ha controlado el flujo de salida del dinero, es decir, no se ha controlado el gasto.

Lucio Anneo Séneca fue un filósofo, político, orador y escritor romano nacido en Hispania, concretamente en Corduba, la actual Córdoba, el año 4 antes de nuestra era. En una de sus citas dice: *"Compra solamente lo necesario [...]. Lo innecesario, aunque cueste un solo céntimo, es caro"*.

He utilizado esta frase que se escribió hace aproximadamente 2.000 años en el inicio de este apartado porque hoy sigue siendo tan útil como lo fue entonces y nos sirve para ilustrar la diferencia entre lo necesario e innecesario, o dicho de otro modo, entre lo que necesitamos y lo que deseamos.

Reducir gastos es una tarea que te recomiendo afrontar con muy buena actitud. Voy a tratar de explicar del modo más claro posible por qué te hago esta recomendación, haciendo una pequeña reflexión previa.

Para muchas personas controlar el gasto es sinónimo de ser un tacaño, un miserable, una persona ruin o un avaro. Sin embargo, ninguno de los comportamientos que merecen estos calificativos describen a una persona feliz.

Estos adjetivos son aplicables a personas obsesionadas por acumular, y ese no es nuestro objetivo, no queremos una vida triste, llena de ardides, mentiras y ruindades que, desde luego, no proporciona la felicidad. Controlar el gasto es algo muy distinto, porque aquí de lo que se trata es de aprender a gastar.

Vimos antes que cuando vamos a aprender algo, en este caso a controlar el gasto, tenemos que adquirir o modificar habilidades, comportamientos, etc., y lo podemos hacer de diversas formas: cuando somos niños mediante el juego, pero también a través del estudio, la experiencia, la instrucción, el razonamiento, etc.

Yo utilizo un método con el que he constatado que se obtienen resultados muy satisfactorios, porque lo he probado con éxito en mí mismo y también en otras personas a las que se lo he recomendado.

Es sencillo: lo que hago es definir si lo que voy a comprar o contratar es algo que necesito o por el contrario se trata de un deseo que quiero satisfacer, pero realmente no es necesario para mi.

El método se compone de dos pasos.

1. **Hay que hacerse esta sencilla pregunta: "¿Lo necesito o lo que sucede es que lo quiero…?".**

Así definimos si es realmente necesario o es un capricho.

2. **Retrasar el momento de compra y, mientras llega ese momento buscar la mejor oferta, una oferta que mejore el precio sin reducir la calidad de lo que necesitamos comprar o contratar.**

Es importante posponer la decisión de hoy a mañana, de mañana a pasado y así, sucesivamente.

EJEMPLO

- El suministro eléctrico de un hogar

1. "¿Lo necesito o lo que sucede es que lo quiero…?" La respuesta aquí es: "Lo necesito".

2. Buscar una empresa con la que el importe por ese servicio sea inferior al que pagas hoy.

- Comprar unas deportivas

1. "¿Lo necesito o lo quiero…?" Respuesta: "Necesito sustituir las que tengo con urgencia".

2. Puedo comprarlas en un fabuloso centro comercial con sus cafeterías, restaurantes, etc., o también en una tienda especializada que no está en ese entorno tan "atractivo", donde las mismas deportivas cuestan menos dinero.

El método de los dos pasos es útil para cualquier compra o contratación que vayamos a hacer.

En el caso de los servicios, además de buscar la oferta más económica en igualdad de condiciones de calidad, en algunos casos es muy recomendable aprender a racionalizar su uso.

Gastos

Voy a diferenciar entre dos tipos de gastos:

- Gastos fijos
- Compras

Gastos fijos

Los gastos fijos son aquellos que tenemos que afrontar ineludiblemente porque, a cambio, recibimos algo que nos resulta necesario para seguir adelante con nuestra vida. Ejemplos: el recibo del suministro eléctrico, el vencimiento del préstamo hipotecario o el pago del alquiler de una casa, la gasolina del coche o los billetes y/o abonos del transporte público, etc.

Si has entrado en Internet y has buscado, por ejemplo, "ahorrar en casa", verás que hay multitud de listas con trucos y consejos para conseguirlo. Veamos dos ejemplos:

La compra en el supermercado

Nunca compres por impulso. Acuérdate del método de los dos pasos, porque en las grandes superficies se utilizan técnicas de *marketing* pensadas para que los consumidores compremos, no lo que necesitamos, sino lo que nos quieren vender.

Se emplean los olores, la música, las luces, los colores, la temperatura, el lugar donde se sitúan los productos (tanto en la tienda como en las estanterías)... Esta tarea se hace frecuentemente porque en estos establecimientos miles de productos de alimentación, bebida y limpieza "compiten" por llamar nuestra atención, y el objetivo a conseguir es que compremos el mayor número de ellos.

La próxima vez que vayas al supermercado fíjate que muchos de los productos anotados en tu lista de la compra, porque son imprescindibles en la gran mayoría de los hogares, están al fondo del establecimiento: leche, aceite, pan, fruta...

Para llegar a ellos te harán transitar por pasillos diseñados estratégicamente con el fin de que veas los denominados "productos irracionales", que son aquellos que no necesitas comprar... pero que probablemente acabarán en tu cesta o carrito.

Es normal que los establecimientos de alimentación quieran vendernos el mayor número de productos posible. De nosotros depende decidir si gastamos nuestro dinero en esos establecimientos comprando productos que no necesitamos o si utilizamos ese dinero para mejorar nuestra vida.

Compra lo que necesites comprar, y si te quieres dar un capricho anótalo en tu lista de la compra.

Si no puedes resistir la tentación haz la compra desde el ordenador de tu casa; es más cómodo y se ahorra mucho tiempo, y cuanto llegue tu pedido revisa siempre el albarán de entrega porque todas las personas podemos equivocarnos.

Consumo eléctrico

La energía eléctrica de España, también denominada "sector eléctrico", engloba a los distintos elementos que componen el sistema de suministro eléctrico, comenzando en sus fuentes de generación, pasando por el transporte, la distribución y la comercialización.

En 2009 se liberalizó el mercado eléctrico con el objetivo de que cualquier usuario pueda escoger la comercializadora más interesante para contratar una tarifa que le suministre electricidad.

Cierto es que más del 60 % del dinero que pagamos en nuestras facturas eléctricas corresponde a impuestos y a los llamados peajes eléctricos, pero hay una parte correspondiente a potencia contratada (kW) y consumo (kWh), que depende de las compañías comercializadoras y donde conseguiremos reducir algo las cantidades de las facturas.

Aunque en el consumo de un hogar normal la reducción no será importante, los euros que dejas de pagar por la energía eléctrica son tuyos. Si no los quieres dedícalos a obras de caridad, pero acostumbrarse a no pagar de más es un ejercicio muy sano y te hace sentir bien, muy bien.

Aclarado esto te diré que para reducir el coste de la factura eléctrica puedes hacer lo siguiente:

1. Buscar una comercializadora que te prepare un estudio en el que especifique claramente qué ahorro conseguirás utilizando sus servicios, y donde queden bien claras las condiciones de contratación que aceptas.

2. Modificar hábitos relacionados con el consumo eléctrico que casi todos tenemos y que encarecen la factura eléctrica, por ejemplo: dejar la puerta del frigorífico abierta, olvidarnos de apagar las luces cuando nos marchamos de una habitación, etc.

3. Cuando haya que renovar bombillas o electrodomésticos buscar las alternativas que consuman menos energía, es posible que sean más caras, pero en el día a día el consumo es menor.

Como puedes ver, una de las cosas que podemos hacer para reducir la factura eléctrica implica modificar o eliminar comportamientos automatizados.

Hábitos, rutinas o automatismos adquiridos

Antes de ocuparme de las compras quiero detenerme un momento en este mecanismo que participa y condiciona nuestro comportamiento frente a las compras.

Más del 90 % de las actividades que hacemos a diario son inconscientes, son comportamientos o pensamientos que hemos aprendido y que ahora van en "piloto automático". Ejemplos de automatismos: caminar, conducir, acceder a una *app* del móvil, etc. La automatización de este tipo de comportamientos es habitual porque nos evita tener la mente continuamente sobrecargada.

Nuestro cerebro gasta mucha energía para procesar información y generar las respuestas adecuadas. Por eso, cuando repetimos una conducta durante un tiempo, el cerebro automatiza esa secuencia o comportamiento. Esto es así porque nuestro cerebro optimiza sus recursos.

Los hábitos o automatismos adquiridos se pueden eliminar, modificar, etc. Yo utilizo esta fórmula para modificar o eliminar hábitos:

1. Identifico que quiero cambiar.
2. Defino claramente lo que tengo que hacer, en lugar de lo que hasta ahora he venido haciendo.
3. Realizar –aunque ya haya empleado el automatismo que quiero "desautomatizar"– la conducta que estoy incorporando.

Estoy trabajando para conseguir apagar las luces al salir de una habitación.

Si al salir de una habitación me doy cuenta de que he dejado la luz encendida, repito la secuencia para reemplazar progresivamente la conducta no deseada por la que me interesa incorporar.

Cuando me sorprendo repitiendo una conducta automatizada, un hábito que estoy erradicando –cosa que, casi con total seguridad, te sucederá también a ti– me felicito.

Sí, me felicito porque estoy consiguiendo hacer consciente ese automatismo. De acuerdo, lo he repetido de nuevo, pero ahora comienzo a hacer consciente que he hecho "eso" que antes hacia sin darme cuenta.

Esto quiere decir que ya estoy en marcha, y paso a paso, aunque sin concederme pausa ni tregua, repito la nueva secuencia para sustituir el automatismo adquirido que queremos "desactivar" por el que estamos incorporando ahora.

En la modificación de hábitos, rutinas o automatismos te recomiendo ser:

- Tolerante, porque te sorprenderás más de una vez repitiendo las conductas que estás "desautomatizando" y, como ya he dicho antes, el simple hecho de darte cuenta indica un importante avance para acabar con esa conducta; así que felicítate.

- Inflexible, porque si eres tolerante y te dices a ti mismo: "vaya esta vez lo he vuelto a repetir..., la próxima vez lo haré bien", no haces lo correcto y no lograrás cambiar, modificar o sustituir tus automatismos. Después de sorprenderte repitiendo el hábito a erradicar repite la nueva conducta que quieres incorporar/automatizar.

Compras

La sociedad del siglo XXI tiene sus reglas económicas, y tener dinero es imprescindible para vivir, para comprar lo que necesitamos y porque nos proporciona una posición en la sociedad o dentro de nuestro propio grupo social.

Vivimos en la cultura del despilfarro, que nos impregna y condiciona a todos, pudiendo incluso hacernos sentir inferiores si no participamos de ella. Pero que alguien me explique para qué necesito, por ejemplo, cambiar de móvil si tengo un aparato que funciona perfectamente, tiene todo lo que necesito y algunas cosas más que ni siquiera uso.

En este caso cambiar el móvil será un despilfarro, como dejó escrito Séneca: *"[…] Lo innecesario, aunque cueste un solo céntimo, es caro"*. Esto mismo sucede también con otros muchos artículos como automóviles, electrodomésticos, ordenadores, etc.

Todos nosotros, consumidores, vivimos en una sociedad que necesita de nuestro consumo, pero cada persona tiene la capacidad de decidir qué va a consumir y cuándo hacerlo.

De cualquier modo soy consciente –y quiero que tú también los seas– de que nuestro criterio personal está condicionado por un bombardeo incesante de publicidad directa e indirecta que nos "sugiere" distintas alternativas para gastar nuestro dinero.

Porque detrás de nuestro comportamiento consumista hay toda una industria, compuesta por miles de profesionales que se esfuerzan diariamente en hacer lo mejor posible su trabajo para conseguir que nosotros compremos lo que sus anunciantes quieren vendernos.

Creo que es interesante que nos situemos para hacer consciente el enorme esfuerzo humano y económico que desarrollan todas las empresas, personas, medios, etc. que se emplean en la industria encargada de que los consumidores compren un refresco, un ordenador o un coche –y no el de la competencia, por supuesto–; me refiero a la industria del *marketing*.

Los medios de comunicación (televisiones, radios, periódicos, revistas, sitios de Internet) y las empresas vinculadas al sector publicitario (anunciantes, agencias de publicidad, consultores) pertenecen a la Asociación para la Investigación de Medios de Comunicación (AIMC).

Esta Asociación realiza todos los años, desde 1968, el EGM (Estudio General de Medios), un estudio multimedia que se realiza todos los años a muchos miles de personas en nuestro país.

Para la realización de este estudio se utilizan criterios sociodemográficos que sirven para realizar encuestas de carácter personal. Los datos son clave para los anunciantes, pues con ellos pueden evaluar la audiencia cualitativa de determinadas cadenas, de programas concretos o de determinados soportes.

Esta información es utilizada por espléndidos profesionales para elaborar sus programas, anuncios, etc., con el objetivo de provocar en nosotros ese impulso de compra, a veces irresistible, que puede convertirnos en compradores compulsivos capaces de quebrar nuestras economías por adquirir algo que no necesitamos.

Te propongo que cuando sientas ese impulso irresistible de compra o simplemente cuando tengas que realizar una compra recuerdes el método de los dos pasos:

1. "¿Lo necesito o lo que sucede es que lo quiero…?".

2. Tómate tu tiempo, retrasa el momento de compra y encuentra la mejor oferta.

Algunas veces, cuando lo utilizo, me sorprendo a mí mismo regocijándome al pensar que un sistema tan simple como el método de los dos pasos, tenga el poder de anular todo ese trabajo tan bien hecho, esa estrategia tan bien planificada por una industria tan grande, bien estructurada y llena de magníficos profesionales. Por supuesto, me refiero a la industria del *marketing*.

EL ELEFANTE Y LA CADENA

Es posible ya que hayas oído una historia que, si no estoy equivocado, escribió Jorge Bucay. Trata de un niño al que le gustaba ir al circo y le resultaba sorprendente ver cómo un elefante, un animal de tamaño y fuerza descomunal, estaba sujeto únicamente por una cadena que aprisionaba una de sus patas en un extremo, unida a una pequeña estaca clavada en el suelo.

Al niño le sorprendía que la cadena y esa estaca, un pequeño pedazo de madera hundido solo unos centímetros en la tierra, pudieran impedir que ese animal, capaz de arrancar un árbol, no hiciera lo mismo con la estaca y se marchara. El inteligente niño no podía entender porque el animal no huía.

Ese niño preguntó a los adultos de su entorno y no consiguió de ellos ninguna respuesta congruente. El tiempo pasó, el niño se olvidó del misterio del elefante y años después descubrió que alguien había encontrado la respuesta al interrogante del elefante atado

El elefante del circo no se escapaba porque había estado atado a una estaca parecida desde muy, muy pequeño. En aquellos momentos, cuando el elefantito era pequeño, a pesar de todo su esfuerzo no pudo liberarse de sus ataduras aunque lo intentó no una, sino muchas veces. Y llegó un día en que el animal aceptó que no le era posible liberarse.

Sin embargo, lo más triste es que jamás volvió a intentar liberarse porque el recuerdo de los infructuosos esfuerzos que realizó cuando era cachorro prevalece en su cerebro, eliminando su deseo de volver a intentarlo otra vez.

El pobre elefante de la historia no sabía que todas sus circunstancias habían cambiado, pues él había multiplicado su fuerza y su tamaño. Pero el simple hecho de no intentarlo de nuevo le había convertido en un prisionero por el resto de su vida.

Aceptar una situación impide que la cuestionemos, y por lo tanto anula cualquier posibilidad de cambiarla o de contemplarla desde otra perspectiva.

Así que voy a terminar esta parte que he comenzado con una frase de D. Miguel de Unamuno, con otra frase suya:

El modo de dar una vez en el clavo es dar cien veces en la herradura.

MIGUEL DE UNAMUNO

Quien guarda, halla

ÁNGEL GANIVET (1865-1898)

ESCRITOR Y DIPLOMÁTICO ESPAÑOL

Recapitulemos. Hemos comenzado reflexionando sobre la inteligencia y sobre cómo se midió durante mucho tiempo hasta que, en el siglo XX, un equipo de psicólogos al mando del profesor Gardner, tras una serie de investigaciones y pruebas, desarrolló una explicación distinta sobre la forma en que las personas desarrollamos las capacidades más necesarias para desenvolvernos en la vida, entendiendo que toda forma de inteligencia puede ser entrenada y mejorada con el tiempo, como si de un músculo se tratase.

Hemos visto que, como criaturas sociales que somos, necesitamos sentir que formamos parte de uno o varios grupos, amigos, familia, etc. Esto nos permite interactuar con otras personas, porque necesitamos comunicarnos, exponer nuestra opinión a los demás y también conocer la opinión que ellos tienen. Además, ya hemos visto cómo el dinero forma parte de ese tejido social en que todos desarrollamos nuestras vidas.

Recordamos que el trueque o intercambio libre entre individuos fue sustituido progresivamente por el sistema monetario, modelo económico vigente en la actualidad, en el que adquirimos bienes o servicios a cambio de dinero.

Como dijimos, cada uno de nosotros tenemos nuestras propias características personales y unas circunstancias que nos influyen, condicionando los cientos de decisiones que tomamos diariamente.

El filósofo español José Ortega y Gasset nos dejó una frase en la que hablaba de que nuestro entorno, las circunstancias que nos rodean, forman parte de nuestra vida e influyen en nosotros del mismo modo que nosotros influimos en ellas:

Yo soy yo y mi circunstancia, y si no la salvo a ella no me salvo yo.

JOSÉ ORTEGA Y GASSET

Vimos cómo funciona la ley de causa y efecto cada vez que tomamos la decisión de hacer una u otra cosa, porque cada decisión que tomamos desencadena una serie de acontecimientos que originan unas consecuencias o efectos.

Imagina: si mañana decides ir de compras, lo que te suceda durante el día estará condicionado por esa decisión.

Si en lugar de decidir ir de compras eliges quedar con unos amigos y ver una película, tu día será distinto, lo vivirás de distinta forma.

Cada decisión que tomamos desencadena unos hechos ante los que hay que tomar nuevas decisiones. Si decides ir de compras harás cosas diferentes a si quedas con los amigos para ver la película, y las decisiones que vayas tomando a lo largo del día en uno y otro caso no serán las mismas.

También hemos considerado cómo aprendemos, las diversas formas de aprendizaje que utilizamos desde que somos niños, y cómo incorporar nuevos conocimientos nos abre nuevas puertas detrás de las que encontraremos tesoros desconocidos para nosotros hasta entonces.

Examinamos los prejuicios y opiniones porque son elementos que nos condicionan, disminuyendo o incluso eliminando nuestra capacidad para cuestionarnos esto o aquello y reduciendo o anulando totalmente nuestra curiosidad.

Para seguir creciendo a todos los niveles es necesario eliminar prejuicios y creencias erróneas, porque si mantenemos esos hábitos o aceptamos determinadas ideas sin verificar si tienen fundamento o no, si están construidas con datos incompletos, erróneos o en algunos casos incluso interesados, estaremos aceptando algo que va a condicionar nuestras decisiones futuras.

Y eso no nos ayuda; hay que buscar, buscar informaciones fieles, honestas, útiles y veraces que nos ayuden a la hora de tomar una decisión y nos permitan ver las cosas desde una perspectiva más sana para nosotros.

La curiosidad es un importante motor de desarrollo del conocimiento humano. Si perdemos la capacidad de preguntarnos y buscar respuestas perderemos también la posibilidad de disfrutar de puntos de vista alternativos que enriquezcan nuestro conocimiento.

Si queremos progresar es imprescindible seguir aprendiendo, preguntándonos y reflexionando sobre las pruebas o razones –si las hay– que respaldan cualquier información que llegue hasta nosotros.

Hemos expuesto la necesidad de tomar las riendas de nuestra economía y controlar el flujo de entrada y salida de nuestro dinero para evitar convertirnos en una especie de prisioneros que se contemplan a sí mismos trabajando, cobrando, pagando y repitiendo este agobiante ciclo una vez tras otra hasta el fin de sus días.

Sentamos las bases para definir lo que es esencial en una economía personal, haciendo un pequeño repaso histórico de nuestra trayectoria profesional y centrándonos en los puntos importantes, como las reservas que hemos sido capaces de reunir y los ingresos que obtenemos frente a los gastos que soportamos.

Por último, examinamos cómo generar ingresos y reducir gastos, prestándole la atención necesaria a los hábitos y conductas automáticas adquiridas, responsables de un sinfín de comportamientos que realizamos sin ser conscientes de ello, para descubrir que los hábitos se pueden modificar, eliminar y/o sustituir.

Con este recorrido inicial hemos visto los elementos necesarios para comenzar a desarrollar la inteligencia financiera, contemplando todos los aspectos que te van a ayudar a crear una red de seguridad económica con la que vivirás más relajado.

Llegados a este punto, ahora que ya tienes claro y has puesto por escrito cuánto ganas, cuánto gastas, en qué lo gastas, etc., tienes a la vista tu primer objetivo: ocuparte de reducir los gastos que soportas para que, como máximo, consuman el 90 % de tus ingresos.

Este me parece un buen momento para hacer una reflexión sobre el humor. El humor desempeña una labor importantísima en nuestra vida, porque nos permite ver las cosas desde una perspectiva distinta.

No es necesario que provoque una risa, ni una sonrisa siquiera; es suficiente con que consiga separarnos de lo rutinario, ayudándonos a mantener viva la actividad inteligente de nuestro cerebro, permitiéndonos desmontar supuestos dogmas que en realidad no lo son.

Winston Leonard Spencer Churchill, primer ministro del Reino Unido, Premio Nobel de Literatura, además de otras muchas cosas, dijo: *"El ahorro es una cosa muy hermosa, especialmente cuando tus padres lo han hecho por ti"*.

Muy cierto, pero debo decir que si tus padres te han dejado dinero, y tu no eres capaz de gestionarlo del modo adecuado, ese dinero cada vez comprará menos cosas.

Los precios de las cosas que compramos o contratamos hoy tienen un importe superior al que tenían hace diez años, y tu dinero tiene que crecer como mínimo al mismo ritmo que se incrementa el valor de las cosas que necesitas comprar para que no pierda valor.

Así que si has tenido la suerte de que tus padres hayan ahorrado para ti, enhorabuena, porque en lugar de comenzar desde cero comienzas desde el nivel correspondiente al dinero que tus padres reunieron.

Si ese fuera el caso, tendrías la misma necesidad que cualquier otra persona de desarrollar tu inteligencia financiera para gestionar bien tu dinero, porque si no lo haces el legado monetario de tus padres irá reduciendo progresivamente su valor y cada vez te será menos útil.

Por otra parte, hay algo que es muy importante definir. Cada uno de nosotros ganamos dinero por hacer nuestro trabajo, pero…

¿Estamos dispuestos a gastarnos todo el dinero que obtenemos por hacer nuestro trabajo en sobrevivir?

¿Y el mes que viene? ¿Volvemos a repetir el ciclo?

¿Durante cuanto tiempo? ¿Un año? ¿Diez? ¿Toda nuestra vida?

Si hiciéramos eso, si pagáramos a los demás —es decir, la hipoteca o el alquiler de la vivienda, el recibo de la luz, el del móvil, el del *wifi*, etc.– sin blindar una parte de nuestros ingresos poniéndolos a trabajar para nosotros, nos enfrentaríamos a un futuro con un panorama desolador.

Por eso es necesario organizarse y proteger esa parte de los ingresos que reservaremos para nosotros, pudiendo así hacer frente, si fuera necesario, a imprevistos que pueden surgir. Esto nos proporcionará una mayor tranquilidad y disfrutaremos de beneficios que no tendríamos sin contar con una reserva económica.

Los bancos

Un banco es un lugar que te presta dinero si puedes probar que no lo necesitas.

BOB HOPE (1903-2003)

ACTOR Y CÓMICO EEUU

Bob Hope, actor y cómico inglés afincado en EE.UU., definió perfectamente en esta frase cuál es la filosofía de los bancos: asegurarse sus beneficios.

El banco es un intermediario financiero que se dedica a captar dinero de unas personas que han acumulado excedentes económicos y a quienes podemos llamar ahorradores, o si utilizamos una terminología técnica, oferentes de fondos.

Como intermediario financiero, un banco oferta el dinero que le han dejado los oferentes de fondos –es decir, las personas titulares de las cuentas de la entidad bancaria que han depositado su dinero allí– a otras personas o empresas que necesitan dinero para realizar compras o desarrollar proyectos de uno u otro tipo.

La banca funciona de una forma singular, y voy a tratar de explicar a continuación porque digo esto. Cuando un ahorrador deposita su dinero en la cuenta de un banco, el beneficio que consigue por ello es el interés que la entidad bancaria haya decidido pagarle por el dinero que ha depositado.

Cuando una persona que necesita un crédito se dirige a una entidad bancaria, el dinero que le presta el banco no es de la entidad bancaria, ni del presidente de la entidad, ni de ninguno de sus directivos o empleados.

Es el dinero que han depositado los ahorradores y que ahora la entidad bancaria utiliza para financiar a otra persona o empresa a cambio de cobrarle unos suculentos intereses.

Un banquero es un hombre que presta a otro hombre el dinero de un tercero.

BARÓN DE ROTHSCHILD (1909-2007)

BANQUERO

En muchos casos, quien solicita el préstamo tiene que respaldarlo con propiedades, valores, etc., que pueden ser suyos o de alguna otra persona. Esa otra persona se convierte a partir de ese momento en avalista del préstamo.

Si no se produce la devolución del préstamo, quienes lo han solicitado y/o avalado pueden perder las propiedades que pusieron como garantía, y si todo se desarrolla con normalidad el banco gana la cantidad que pactó con quien solicitó el préstamo y punto final.

Si utilizamos el sentido común, lo razonable sería que el propietario del dinero —es decir, el ahorrador u oferente de fondos, como propietario del dinero que se ha prestado a otra persona o empresa— obtuviera alguna ganancia.

Pero no es así, y quien obtiene el beneficio es el banco, aunque el dinero sea de otra persona, en este caso de una persona que ha decidido confiar su dinero a una entidad bancaria.

Como ya he dicho antes, el banco es una empresa cuyo objetivo prioritario es garantizarse su beneficio. Cierto es que ahora trabajar con una entidad bancaria se ha convertido en algo inevitable, porque necesitamos canalizar a través de ella todo el flujo de pagos, ingresos, etc., que se producen todos los meses.

Sin embargo, nadie está obligado a trabajar con una entidad bancaria concreta, y cada uno podemos elegir el banco que nos ofrezca las mejores condiciones.

Y no quiero olvidarme de algo muy importante. Recuerda que el objetivo del banco es ganar dinero; que tú lo ganes no es asunto suyo, de eso te tienes que ocupar tú.

📖 SOLICITAR UN PRÉSTAMO

Un señor entra en un prestigioso banco de Nueva York (USA) y pregunta por el responsable del área de préstamos. Le explica que debe viajar a Europa durante dos semanas y que necesita un préstamo de 5.000 $.

El responsable del área de préstamos le indica que necesitan tener una garantía para concederle el préstamo, e inmediatamente el individuo le hace entrega de las llaves de un Porche último modelo que está estacionado ante la puerta de la entidad financiera.

Después de comprobar que todo está en orden, deciden darle un préstamo por el que tendrá que pagar unos intereses de 26,30 $. Se firman los papeles y un empleado guarda el Porche en el garaje del banco, quedando allí en depósito.

Cuando el cliente se marcha, el responsable del área de préstamos se pone a investigar sobre ese cliente y descubre que es millonario.

Pasadas las dos semanas, el cliente regresa y devuelve los 5.000 más los intereses correspondientes. El jefe de préstamos no puede contenerse y durante la firma de los documentos para rescindir el préstamo le pregunta:

—Perfecto señor. ¿Me permite que le pregunte por qué necesitaba un préstamo de 5.000 $ si es usted millonario?

El señor le miró, le sonrió y contestó:

—Explíqueme usted en qué sitio de Nueva York puedo encontrar un estacionamiento para dos semanas por 26,30 $.

Esta historia me gusta porque todo el mundo gana. El responsable de préstamos formaliza un préstamo fácil y sin complicaciones, el banco obtiene su beneficio con los intereses del préstamo y el señor que solicita el préstamo consigue dejar su coche en el parking del banco y ahorrar una buena cantidad de dinero (muy superior a la que gana el banco con su préstamo).

El cliente, que buscaba una plaza de aparcamiento en Nueva York a precio de ganga, es una personal hábil, con una inteligencia financiera en perfecto funcionamiento y capaz gestionar adecuadamente las oportunidades con las que se encuentra.

Comprar sin dinero: Financiar

La opción de comprar algo hoy y llevártelo a casa pagando más tarde es mucho más atractiva que esperar a tener el dinero para comprar. Es cierto que a todos nosotros, los humanos, nos gusta satisfacer inmediatamente nuestros deseos, sin embargo, este aparente beneficio es en realidad una trampa.

📖 EL REY ENFERMO Y EL SANADOR MISTERIOSO

Había una vez un rey que estaba muy enfermo. Ni los mejores doctores podían descubrir qué era lo que tenía. Desesperado, ofreció como recompensa a quien pudiera curarlo dos horas dentro de su bóveda de tesoros para llevarse todo lo que quisiera.

Poco tiempo después avisaron al rey que había un hombre que quería verle porque decía que podía curarle. Era un sanador y venía desde un país lejano. Curó al rey y le dijo que en siete días empezaría a sentirse mucho mejor. El rey, agradecido, le pidió que regresara después de este tiempo para cobrar su recompensa.

Unos días después el rey se encontraba mejor de su mal, pero estaba muy inquieto. No le hacía ninguna gracia tener que abrir sus tesoros a ese desconocido, por lo que pidió a sus personas de confianza que buscaran toda la información que pudieran encontrar sobre el sanador misterioso.

Pasó la semana y el sanador regresó a cobrar su recompensa. El rey le recibió, le entregó la llave de su bóveda y le dijo que para llegar ahí tenía que recorrer un largo pasillo.

Al poco de comenzar a caminar por el pasillo, el sanador comenzó a oír una orquesta. A él le encantaba la música, y decidió detenerse un momento para disfrutar escuchándola.

Mientras escuchaba a los músicos se le acercaron unos sirvientes ofreciéndole comida y se dio cuenta que la comida que le ofrecían era su favorita.

El sanador se relajó, disfrutó de la música y la comida pensando que le sobraba el tiempo, y se entretuvo con la increíble música que oía y con la deliciosa comida que le iban trayendo.

Cuando llegó a la puerta de la bóveda para abrirla el rey le dijo que sus dos horas habían terminado, y el sanador regresó a su casa con las manos vacías.

El rey, consiguió que el sanador no entrara en la cámara del tesoro distrayéndole con música y comida. Del mismo modo, las estrategias comerciales que nos proponen comprar hoy y pagar más tarde nos distraen y saquean nuestra economía.

Si nos prestan dinero es porque obtienen un beneficio de ese préstamo o financiación. Cuando alguien solicita financiar una compra o pide un préstamo, devolverá el dinero prestado más una importante cantidad correspondiente a los intereses.

Entiéndeme; si estamos ante una situación que debemos solucionar rápidamente y para la que necesitamos un dinero que no tenemos —por ejemplo, se nos estropea el portátil y es nuestra herramienta de trabajo—, necesitamos resolver la situación cuanto antes, y en este caso, recurrir a la financiación nos proporciona una solución que necesitamos de forma apremiante.

Pero si lo que queremos es comprar el último modelo de ordenador porque tiene un diseño espectacular, lo que hacemos en realidad es repetir los mismos errores que comete el sanador en la historia, parándonos a oír música mientras nos deleitamos saboreando nuestra comida favorita, es decir, perdiendo de vista nuestro objetivo.

Dicho de otra manera, todo el dinero que paguemos de intereses por la compra del "ordenador espectacular ultimo modelo" es un "regalito" que le hacemos a una financiera, banco, etc., simplemente para satisfacer un deseo personal.

El sanador no consiguió entrar en la bóveda de los tesoros por el ardid del rey, y nosotros empeoramos nuestra situación económica porque el dinero que le hemos "regalado" a la financiera podría estar trabajando para nosotros si no hubiéramos caído en una trampa, una trampa muy antigua: la trampa de la satisfacción inmediata.

La satisfacción inmediata

Compramos por muy diversos motivos: para sentirnos integrados en un grupo, para demostrar nuestro status, para aliviar temporalmente el estrés, para sentirnos atractivos, etc. Sea cual sea la razón, comprar proporciona una sensación placentera y genera hábito. Nuestra sociedad propicia la satisfacción inmediata, la incapacidad para tolerar las frustraciones y el predominio del "lo quiero todo y ya".

Hoy cuando un niño pide algo lo consigue casi inmediatamente, y lograrlo no le exige ningún esfuerzo. Tiene a su disposición múltiples dispositivos multimedia para comunicarse inmediatamente con un amigo, para ver una película, escuchar una canción, etc.

Esa facilidad e inmediatez que nos han proporcionado los distintos equipos informáticos, ordenadores, móviles, tabletas, etc. y sus conexiones ultrarrápidas, crean un hábito que impregna el resto de nuestras acciones y cada vez deseamos conseguir lo que queremos con más urgencia.

Hoy cada vez son más las personas a quienes les cuesta controlar el impulso de compra. Una compra impulsiva o compra por impulso es la que se realiza cuando, sin pensar, tomamos la decisión de comprar algo. A las personas que sufren este desorden se las conoce como compradores emocionales.

Este tipo de conducta impulsiva nos proporciona placer, gratificación inmediata, e incluso nos sentimos liberados de estrés y angustia en el momento de realizarla.

Sé lo difícil que es resistirse a un deseo; la mayoría de nosotros hemos experimentado esa sensación excitante y placentera que produce satisfacerlo. Lo hacemos sin reflexionar, sintiendo un disfrute momentáneo, que inmediatamente después desaparece.

La satisfacción inmediata es un arma de doble filo, y como con cualquier otro tipo de arma tenemos que ser muy cuidadosos cuando estemos en contacto con ella. Produce un placer efímero que nos gratifica, aunque esa plenitud se transforma casi inmediatamente en sentimiento de culpa.

Cuando realizamos la compra y lo hacemos de forma inconsciente, experimentamos unos momentos de euforia. A continuación aparece un sentimiento de vergüenza por haber hecho algo negativo. Ese sentimiento de culpa puede ser origen de un estado depresivo.

La Agencia Española de Medicamentos y Productos Sanitarios (AEMPS), que analiza el consumo de medicamentos en nuestro país, dice que en el año 2000 el número de dosis de antidepresivos consumidas por cada mil habitantes y día (DHD) fue de 26,5, mientras que en el año 2013 la cifra subió a 79,5 (DHD).

Muchos hombres, como los niños, quieren una cosa pero no sus consecuencias.

JOSÉ ORTEGA Y GASSET

Las consecuencias de esta "montaña rusa" de emociones están cada vez más presentes en la sociedad actual, donde encontramos cada vez más personas incapaces de reflexionar, de pensar por sí mismas o de controlarse.

Resulta difícil resistirse, porque recibimos multitud de estímulos de compra cada día (los últimos datos hablan de alrededor de 5.000 impactos publicitarios en las personas que viven en una ciudad) que nos invitan a comprar ¡ya! Comprar proporciona un "subidón" increíble que te hace sentir genial, pero ¿vale la pena?

📖 EL HOMBRE QUE NO VIO A NADIE

Había una vez un hombre en el reino de Qi incapaz de controlar sus impulsos. Una mañana paseaba por la plaza, y cuando llegó al puesto del comerciante en oro se apoderó de una pieza y se escabulló.

El oficial que lo aprehendió le preguntó:

—¿Por qué robo el oro en presencia de tanta gente?

El hombre le contestó:

—Cuando tomé el oro no vi a nadie. No vi más que el oro.

Lie Zi

El hombre de la historia no podía controlarse. El autocontrol nos permite tomarnos tiempo, reflexionar, pensar con claridad y valorar otras opciones para tomar una decisión razonada que también contribuirá a mejorar nuestra autoestima.

Antes vimos el método de los dos pasos, un sistema fácil y muy útil para diferenciar lo necesario de lo que deseamos. Acuérdate de él y si un día te sorprendes a ti mismo comprando por impulso, ese día has conseguido hacer consciente algo que otros muchos hacen aun sin pensar ¡Enhorabuena!

Disfruta comprando y después de comprar

Cuando necesites comprar algo no lo hagas de inmediato. Retrásalo; sea lo que sea que necesites comprar, déjalo para mañana; y mañana, para pasado; y así sucesivamente.

Durante la espera valora otras alternativas. Descubrirás detalles importantes sobre lo que hayas decidido comprar que te habrías perdido si hubieras comprado inmediatamente.

También experimentarás una sensación muy agradable: la sensación de ser tú quien decide, controlando el impulso y dándote la satisfacción personal de sentirte dueño de tu propia mente.

Cuando realizes la compra disfrutarás de un estado de ánimo diferente. No habrá remordimientos ni sentimiento de culpa; en su lugar conseguirás sentirte competente, hábil e inteligente.

Aprender a gastar

La publicidad forma parte de nuestra vida. Recibimos muchos estímulos de compra, anuncios en los que se utilizan las mejoras técnicas del cine, los mejores efectos especiales y la música adecuada para mostrarnos en unos segundos un "universo ideal". Por ejemplo, un coche con el que disfrutaremos de momentos soñados y opuestos a nuestra rutina diaria.

La industria del *marketing* trabaja para que tú compres, y si es posible lo hagas continuamente. Eso es bueno para su negocio, pero no para tu economía, tu salud, ni tu vida.

Personalmente solo gasto mi dinero cuando estoy seguro de que el precio que pago es adecuado para lo que consigo, y pondré un ejemplo. En Madrid hay un teleférico que realiza un recorrido desde el Pº del pintor Rosales hasta la Casa de Campo, un jardín histórico que además es el mayor parque público de la ciudad.

No se cuál es el precio del billete, pero puedes estar seguro de que no va a salir ni un céntimo mi bolsillo para hacer ese recorrido, porque ese céntimo no me reportará nada interesante ni satisfactorio para mi.

Sin embargo, cuando mi hijo era pequeño hicimos el recorrido para que el niño disfrutará de esa experiencia, y por supuesto para poder disfrutar nosotros de su asombro, su emoción, etc.

Para aprender a gastar tenemos que ser capaces de identificar lo que estamos comprando. Cuando llevé mi hijo a su paseo en el teleférico no pagué por un viaje de ida y vuelta, sino por una experiencia vital que si no hubiéramos montado en la cabina de ese teleférico ninguno de nosotros habríamos tenido.

Voy a poner otro ejemplo más. Cuando compras un buen par de zapatos tienes que pagar una cantidad de dinero importante. El tiempo que los vas a usar compensará ampliamente el precio. Unos zapatos baratos y de poca calidad resultarán más caros porque solo van a durarte una temporada —como mucho dos—, y además es probable que te destrocen los pies.

Bueno es en verdad adquirir, pero es mucho mejor conservar.

J.W VON GOETHE (1749-1832)

NOVELISTA Y POETA ALEMÁN

Los caprichos

También tenemos que aprender a darnos algún que otro capricho porque, vamos a ver, se trata de desarrollar la inteligencia financiera y de poner orden en nuestra economía para mejorarla y conseguir una vida mejor, no de convertirnos en unos miserables y amargados tacaños.

Integra tus caprichos en la lista de gastos que hiciste. Sí, sí, en la lista de los gastos. En ella tienes que incluir todo lo que afecta a tu economía, y por eso es necesario tenerla al día.

Tienes otra opción: seguir viendo todos los meses cómo el dinero que has ganado pasa por tu cuenta del banco y acaba en los bolsillos de otros.

Pero si has decidido actuar, no permitas que otros se lleven todo tu dinero y controla el flujo de salida. Date caprichos, define qué es lo que quieres, apúntalo y comienza a guardar dinero para comprarlo. A partir de ahí sigue con tu vida diaria, y cuando dispongas del dinero necesario compra "tu capricho" y disfrútalo.

La vida no es fácil para ninguno de nosotros. Pero... ¡qué importa! Hay que perseverar y, sobre todo, tener confianza en uno mismo.

MARIE CURIE (1867-1934)

CIENTÍFICA FRANCO-POLACA

Las deudas

Mi madre empezó a comprar a crédito. A mi padre eso nunca le había gustado. "El crédito —decía siempre— es el primer paso hacia las deudas, es el principio de la vuelta a la esclavitud.

MALCOM X (1925-1965)

ORADOR Y ACTIVISTA EE.UU.

Lo más importante que quiero decir en relación con las deudas es que hay que eliminarlas. El padre de Malcom X lo tenia muy claro y yo estoy de acuerdo, porque considero que las deudas son una forma sutil de conseguir que alguien libre se cargue de cadenas.

- Clasifica tus deudas y anótalas.
- Págalas estableciendo un orden:

1. Las más pequeñas, porque se liquidan rápidamente. Esto es muy estimulante y reafirma nuestra determinación.
2. Las más caras, es decir, las que afectan más a tu economía.

- En cuanto te sea posible unifícalas.
- Prohibido usar tarjetas de crédito.
- Usa solo tarjetas de débito.

Para acabar esta parte quiero utilizar otra frase de José Ortega y Gasset, filósofo y ensayista español:

Algunas personas enfocan su vida de modo que viven con los entremeses y guarniciones. El plato principal nunca lo conocen.

JOSÉ ORTEGA Y GASSET

No te conformes con los entrantes, como dice Ortega que les sucede a muchos; concéntrate en conseguir el plato principal.

El hombre más feliz

SAMUEL JOHNSON (1709-1784)

POETA Y ENSAYISTA INGLÉS

El objetivo de este libro es ayudarte a desarrollar tu inteligencia financiera para hacer de ti la persona más feliz, una persona capaz de disfrutar gastando y también ahorrando.

Si buscamos en el diccionario de lengua española de la Real Academia Española (RAE) la palabra "ahorrar", los tres primeros significados son estos:

1. tr. Reservar una parte de los ingresos ordinarios. U. t. c. intr. Ahorrar para la vejez.
2. tr. Guardar dinero como previsión para necesidades futuras. U. t. c. intr.
3. tr. Evitar un gasto o consumo mayor. Ahorrar agua, papel, energía.

Estoy de acuerdo con las tres porque describen perfectamente el objetivo que perseguimos: reservar una parte de los ingresos ordinarios evitando un gasto o un consumo mayor para utilizarlo en el futuro.

Ya vimos que hay personas que no son capaces de diferenciar entre ahorro y tacañería o avaricia, pero, ¿es posible que pueda haber alguien interesado en presentar como innecesario, ridículo o incluso perverso el hecho de ahorrar para construir un patrimonio económico?

JACINTO BENAVENTE (1866-1954)

DRAMATURGO Y GUIONISTA ESPAÑOL

Así que vamos a comenzar a desmontar prejuicios, ¿de acuerdo?

El dinero no da la felicidad ¿Y la escasez? ¿La escasez sí la da?

Es importante entender que, como se ha dicho siempre, en el termino medio está la virtud, y por eso suscribo totalmente la siguiente afirmación:

GROUCHO MARX (1890-1977)

CÓMICO Y ESCRITOR EE.UU

Si quieres conseguir las pequeñas cosas de las que habla Julius Henry Marx, más conocido como Groucho Marx, es necesario que comiences ahora.

Ahora que ya has cuantificados tus ingresos y tus gastos,

y te has ocupado de organizar tus deudas —si existen— saneando tu economía personal, es el momento de comenzar a utilizar una parte de tus ingresos para crear un patrimonio que consolide tu nivel de vida actual.

LA ESCULTURA DEL FÉNIX

El artesano Gongshu estaba esculpiendo con un cincel una escultura de un ave fénix. Apenas había esbozado el penacho y las patas y no había comenzado a esculpir aún el plumaje, cuando alguien dijo mirando la obra:

—Parece un búho.

Otro dijo:

—Más bien recuerda a un pelícano.

Todos rieron y estuvieron de acuerdo en encontrar horrible la escultura, y sin talento al autor.

Tiempo después, cuando estuvo terminado, el fénix lucía un soberbio penacho de color esmeralda que se erguía vaporoso por encima de su cabeza, sus patas bermellón tenían reflejos deslumbrantes, sus plumas tornasoladas parecían estar hechas del brocado que tejen las nubes cuando se pone el sol, y su pecho era del color del fuego.

Al oprimir con el dedo un resorte oculto, el pájaro mecánico alzó el vuelo con un batir de alas y durante tres días se le vio subir y bajar por entre las nubes.

Todos aquellos que habían criticado a Gongshu no cesaban de elogiar su obra maravillosa y su talento prodigioso.

Liu Zi

El artesano que estaba esculpiendo el fénix ignoró los comentarios burlones de los observadores y siguió adelante hasta conseguir su objetivo. Se concentró en su tarea y la finalizó.

Criticar es fácil y muy habitual. Cuando vemos algo que no nos gusta, que no entendemos o que no coincide con nuestras expectativas y creencias es habitual criticarlo.

Por eso cuando acometemos una tarea es importante que tengamos claro el objetivo que perseguimos. Así seremos inmunes a las críticas y seguiremos adelante.

Siempre parece imposible hasta que se hace.

NELSON MANDELA (1918-2013)
ABOGADO Y POLÍTICO SUDAFRICANO

Nelson Rolihlahla Mandela, activista, político sudafricano y premio Nobel de la Paz en 1993, que tras muchos años de lucha y de cárcel fue presidente de la República de Sudáfrica desde el año 1994 hasta el 1999, sabía bien de qué hablaba, porque para un gran número de personas verle de presidente de Sudáfrica era inconcebible, inadmisible o incluso imposible.

Lo importante es tener claro el objetivo que perseguimos, comenzar ahora, progresar sin pausa comprobando que avanzamos en la dirección adecuada y que hemos elegido un camino seguro.

Seguridad

Hablemos de seguridad. A partir de aquí vamos a ver estrategias y fórmulas para fortalecer tu economía. Cualquiera de esas alternativas, sean de ahorro o inversión, tendrás que contratarlas por medio de un intermediario financiero.

Los intermediarios financieros son instituciones autorizadas legalmente por el Banco de España y la Comisión Nacional del Mercado de Valores (CNMV), e inscritas en sus registros porque cumplen las exigencias legales pertinentes para operar en el mercado financiero.

Una vez autorizados, los intermediarios financieros son supervisados por tres entidades que vigilan el cumplimiento de las normas:

1. Dirección General de Seguros y Fondos de Pensiones (DGSFP)
2. Comisión Nacional del Mercado de Valores (CNMV)
3. Banco de España

Elegir una empresa no autorizada ni supervisada es como mínimo una temeridad, porque estos tres organismos trabajan para que nosotros no asumamos riesgos innecesarios.

Banco de España

Vigila las entidades que prestan servicios bancarios en nuestro país: bancos, cajas de ahorro o cooperativas de crédito.

Existe un Fondo de Garantía de Depósitos que, en caso de que una entidad financiera quiebre o tenga otro problema que le impida hacer frente a sus pagos y obligaciones, garantiza a los depositantes la recuperación de su dinero hasta un máximo de 100 000 € por titular.

Para consultar las entidades que están autorizadas por el Banco de España puedes:

- Hacer una búsqueda en Internet:
- "Banco de España, consultar entidades".
- Acceder a la web del Banco de España utilizando este link:

  https://www.bde.es/bde/es/secciones/servicios/ Particulares_y_e/Registros_de_Ent/

Comisión Nacional del Mercado de Valores (CNMV)

Supervisa e inspecciona los mercados de valores españoles y la actividad de cuantos intervienen en los mismos:

- Instituciones de inversión colectiva, como por ejemplo los fondos de inversión.
- Empresas de servicios de inversión (ESI), es decir,

sociedades y agencias de valores y bolsa, sociedades gestoras de carteras y empresas de asesoramiento financiero (EAFI).

- Bancos y cajas cuando prestan servicios de inversión.

Para consultar las entidades autorizadas por la CNMV puedes:

— Hacer una búsqueda en Internet:
— "cnmv, búsqueda entidades"
— Acceder a la web de la CNMV utilizando este link:
http://www.cnmv.es/Portal/Consultas/BusquedaPorEntidad.aspx?lang=es

Para consultar las entidades sospechosas de prestar servicios de inversión sin la debida autorización puedes:

— Hacer una búsqueda en Internet:
  "cnmv portal advertencias"
— Acceder a la web de la CNMV utilizando este link:
http://www.cnmv.es/Portal/Advertencias.aspx

Dirección General de Seguros y Fondos de Pensiones

Este organismo público supervisa a:

- Entidades aseguradoras (ya sean sociedades anónimas, mutuas, o mutualidades de previsión social)
- Mediadores de seguros
- Entidades gestoras de fondos de pensiones

Para consultar las entidades autorizadas y las que no lo están, puedes:

— Hacer una búsqueda en Internet: "dgs registros públicos"

— Acceder a la web de la CNMV utilizando este link:

http://www.dgsfp.mineco.es/sector/registrospublicos.aspx

Si quieres más información sobre estas tres entidades y sus funciones la encontrarás en el Portal del Cliente Bancario:

— Hacer una búsqueda en Internet: "portal cliente bancario quien me respalda"

— Acceder a la web de la CNMV utilizando este link:

https://clientebancario.bde.es/pcb/es/menu-horizontal/actualidadeducac/blog/Y_ahora__quien_2df8e29e876e161.html

Sentar las bases

Para poder llegar aquí hemos realizado un buen número de tareas. Ahora comenzaremos a ordenar nuestra economía. Si no tenemos ninguna reserva, es decir, si no hemos sido capaces de guardar una cantidad más o menos grande de dinero, vamos a comenzar a hacerlo ahora.

Este recorrido que comienzas hoy es una ruta que debes mantener durante toda tu carrera profesional, para que cuando en el futuro mires atrás no aparezca un gesto de preocupación en tu cara.

El objetivo de esta travesía es acumular las reservas económicas suficientes para que, en unos años, tu patrimonio financiero genere los beneficios suficientes para cubrir tus gastos sin que necesites trabajar.

Como en cualquier viaje hay que comenzar por el principio, dando el primer paso, y nuestro primer paso es crear una reserva financiera, una especie de muro de contención que nos va a servir para resolver posibles situaciones comprometidas.

Esta reserva que vamos a crear tendrá el dinero necesario para permitirnos disponer inmediatamente de él, y así hacer frente a cualquier imprevisto sin necesidad de recurrir a la financiación. Por ejemplo, un electrodoméstico que deja de funcionar y es necesario reponer, el automóvil que comienza a hacer un ruido sospechoso y hay una avería "importante", etc.

Los bancos no son los intermediarios financieros adecuados para hacer que tu economía mejore. Sin embargo, para crear nuestra pequeña reserva económica utilizaremos una cuenta remunerada.

Perder de mala manera el dinero constituye generalmente un verdadero delito; adquirirlo de mala manera es peor, aunque lo peor de todo es derrocharlo.

JOHN RUSKIN (1819-1900)

ESCRITOR INGLÉS

Ejercicio práctico

Aprovecha para revisar las condiciones de la cuenta o cuentas del banco con el que trabajas, haciéndote estas preguntas:

— ¿Qué interés me paga el banco por tener mi dinero en la cuenta?

— ¿Qué comisión pago por las tarjetas de crédito o débito?

— ¿Me cobran alguna comisión por la cuenta?

Ahora tienes que buscar una cuenta remunerada y sin gastos en un banco que esté dentro del Fondo de Garantía de Depósitos de Entidades de Crédito.

El Fondo de Garantía de Depósitos de Entidades de Crédito se creó por Real Decreto-ley el 14 de octubre de

2011, y garantiza el dinero depositado en las entidades de crédito –es decir, los bancos– hasta un límite de cien mil euros para los depósitos en dinero.

Puedes conseguir la información necesaria desde casa. No tienes más que ir a un buscador de Internet y hacer una búsqueda: "cuentas remuneradas". Te aparecerán muchas entradas; elige las que te proporcionen datos sobre varias cuentas y entidades.

En una hoja de papel o en un documento de Word o similar, ve anotando las características de cada cuenta.

— Entidad Bancaria:
— Nombre de la cuenta:
— Sin comisiones: Sí/No
— TAE:
— Red de cajeros:
— Con domiciliación de nómina: Sí/No
— Sin domiciliar recibos: Sí/No
— Devolución % recibos: Sí/No
— Tarjeta crédito gratis: Sí/No
— Tarjeta débito gratis: Sí/No

Únicamente anota los datos de las distintas entidades. Aún no es el momento de tomar decisiones; una vez que hayas completado el estudio, anotando los datos, revisa y elimina las menos interesantes hasta quedarte con las ofertas más apropiadas para tu situación actual.

Ahora haz una búsqueda en Internet: "fondo garantía depósitos España".

Entra en: Fondo de Garantía de Depósitos en Establecimientos Bancarios:
(www.fgd.es/es/entidades_bancos.html)

Verás un listado donde puedes encontrar las entidades de crédito integradas en el FGD. Confirma si la entidad bancaria está incluida para asegurarte de que tu dinero está cubierto por el FGD de España.

Si no está incluida en el listado del FGD hay que confirmar que esa entidad esté registrada en el Banco de España; es sencillo.

Busca en Internet: "banco españa consulta entidades".

Entra en: Registros de Entidades. Consultas - Banco de España.
(https://www.bde.es/bde/es/secciones/servicios/Particulares_y_e/ Registros_de_Ent/)

Entra en: "Consulta online de registros de entidades".

A continuación en: "Consulta de datos actuales de las entidades".

Si está incluida sigue adelante; si no lo está, sé consciente de que asumes un riesgo innecesario.

Si la entidad bancaria pertenece a la Unión Europea estará incluida en el Fondo de Garantía de Depósitos de otro país. Todos los países miembros de la Unión Europea están obligados a tener su propio Fondo de Garantía de Depósitos, que debe cubrir un mínimo de 20.000 euros por titular y entidad.

Si la entidad bancaria pertenece al FGD de otro país, la protección de los ahorros está subordinada al Fondo de Garantía de Depósitos del país de origen de la entidad financiera, es decir, donde tenga la sede social esa entidad financiera: el Banco Espírito Santo al Fondo de Garantía portugués, el ING Direct al holandés, etc.

Hay que tener en cuenta que si hubiera algún problema y fuera necesario recurrir al Fondo de Garantía, sería el Fondo de Garantía del país de origen de la entidad financiera quien se encargaría del asunto.

Realizado este proceso, en el que no has necesitado ni moverte de casa, podrás constituir una reserva de disposición inmediata a la que llamaremos fondo base.

El objetivo de esta cuenta bancaria es eliminar el resto de cuentas, unificar todos los pagos en ella y tener además el 120 % de tus ingresos mensuales para crear un fondo base con el que tener capacidad de respuesta inmediata.

✎ *El secreto de ir hacia delante es empezar.*

MARK TWAIN (1835-1910)

ESCRITOR EE.UU

Gastos: Copia la cifra que tienes en tu lista de gastos mensuales.

Ingresos: Si tienes unos ingresos de 1.000 € mensuales la cantidad será de 1200 €

Total = Importe gastos mensuales + 1200 €.

Este es el único producto bancario que necesitas tener, porque cuando hayas establecido este fondo base tienes que poner a trabajar tu dinero para ti y obtener mejores resultados.

Ahora más que nunca te resultará útil el método de los dos pasos para ejercer un control férreo sobre las compras por impulso:

1. ¿Lo necesito?

2. Tómate tu tiempo, retrasa la compra y encuentra la mejor oferta.

Ahora es necesario no perder de vista el objetivo por el que trabajas: disponer de un colchón financiero que impida que te endeudes y que, como decía el padre de Malcom X, acumulando deudas acabes convirtiéndote en un esclavo.

En marcha

Dad crédito a las obras y no a las palabras.

MIGUEL DE CERVANTES (1547-1616)

ESCRITOR ESPAÑOL

Don Miguel de Cervantes expresa de forma concisa y contundente que lo importante es hacer, que lo que cuenta es la acción. Tú ya has comenzado a moverte y ahora tienes que seguir progresando.

Contar con la red de seguridad del fondo base ha sido el primer paso, no hay que precipitarse. Vamos a seguir de la misma forma, paso a paso.

Automatización

Podemos definir "automatizar" como el hecho de utilizar máquinas o procedimientos para conseguir que un proceso funcione en todo o en parte por sí solo.

Hasta aquí hemos recorrido un camino en el que hemos repasado los diversos elementos que participan e influyen en el desarrollo de la inteligencia financiera.

Las finanzas son la parte de la economía, que estudia cómo se obtiene y administra el dinero y el capital –es decir, los recursos financieros–, y cómo las personas y familias deben tomar sus decisiones de inversión, ahorro y gasto en condiciones de incertidumbre.

Este enfoque global es necesario si queremos contar con una inteligencia financiera plenamente operativa para ser usada, para entrar en acción y tomar decisiones acertadas tanto en las acciones cotidianas como en las acciones y decisiones financieras que tendremos que ir tomando a lo largo de nuestras vidas.

Así conseguiremos ir mejorando nuestra economía y crear un patrimonio económico que nos permita disponer de los recursos necesarios para resolver las distintas situaciones que afrontaremos durante nuestras vidas, con la tranquilidad que proporciona tener las espaldas cubiertas.

Para crear un patrimonio financiero que nos respalde utilizaremos los recursos económicos con los que contamos, y me refiero a los ingresos que percibimos a cambio de nuestra actividad laboral, porque estos son el denominador común para todas las personas.

Hemos visto que los ingresos tienen la tendencia a "desaparecer al menor descuido". Por eso es necesario desarrollar un sistema que evite la "fuga de capitales", es decir, la perdida de las reservas de nuestra economía personal.

Esto lo conseguimos mediante la automatización, evitando así ocuparnos personalmente de canalizar el flujo de dinero desde nuestra cuenta bancaria a los instrumentos financieros que harán crecer nuestro patrimonio.

Como ya tenemos anotados los ingresos que percibimos y los gastos que soportamos, disponemos de los datos necesarios para definir la cantidad que cada mes se traspasará automáticamente desde nuestra cuenta corriente a un producto financiero, que nos proporcione una buena rentabilidad utilizando la fórmula del interés compuesto.

En el mercado financiero encontrarás múltiples productos con los que rentabilizar tu dinero. Ahora es muy importante elegir bien y, para tener la tranquilidad de estar tomando la decisión adecuada en esta parte de la "travesía", es conveniente contar con la colaboración de un experto en la materia.

📖 LO QUE PUEDE HACER UN SABIO

Un hombre se acercó a un sabio anciano y le dijo:

—Me han dicho que tú eres sabio. Por favor, dime qué cosas puede hacer un sabio que no están al alcance de las demás personas.

El anciano le contestó:

—Cuando como, simplemente como; duermo cuando estoy durmiendo y cuando hablo contigo, sólo hablo contigo.

—Pero eso también lo puedo hacer yo y no por eso soy sabio —contestó el hombre, sorprendido.

—Yo no lo creo así —le dijo el anciano—. Cuando duermes recuerdas los problemas que tuviste durante el día o imaginas los que podrás tener al levantarte, cuando comes estás planeando lo que vas a hacer más tarde y mientras hablas conmigo piensas en qué vas a preguntarme o cómo vas a responderme, antes de que yo termine de hablar.

El secreto esta en atender únicamente a lo que hacemos en el momento presente.

El visitante del anciano no tenía la capacidad para disfrutar del momento porque estaba condicionado por sus propios pensamientos.

Hay muchas personas que, como el visitante de esta historia, están sometidos por sus propias emociones, inquietudes personales o pensamientos que les impiden disfrutar plenamente de la realidad.

Del mismo modo, hay personas que están condicionadas profesionalmente. Imagina que necesitas un médico y vas a ver a un doctor que trabaja como empleado de un laboratorio farmacéutico. Cuando ese "doctor" te prescriba el tratamiento estará obligado a recetarte los medicamentos que fabrica el laboratorio para el que trabaja y que le paga su sueldo todos los meses, porque si no lo más probable es que pierda su empleo.

Ahora imagina que te diriges a un experto para que analice tu situación, te proporcione un diagnóstico financiero y elabore un "tratamiento" para mejorar tu economía. Si esta persona pertenece una entidad financiera tendrá que elaborar tu "tratamiento financiero" con los productos que comercializa su empresa, y eso no es lo mejor para ti.

El mercado financiero te ofrece múltiples alternativas para invertir tu dinero. A partir del momento en que has constituido el fondo base tienes que dirigir tu esfuerzo económico a conseguir otros objetivos que consoliden el camino que has comenzado, y para esto, no vas a encontrar respuestas en Internet.

Te será muy útil contar con la colaboración de un profesional que no esté limitado porque trabaja exclusivamente para una empresa. Busca un profesional independiente, que no tenga que seguir los dictados de la cadena de mando de ninguna empresa.

Contar con un experto independiente te aporta ventajas adicionales:

- Tienes comunicación directa con ellos porque generalmente te facilitan su número privado y te atienden personalmente.
- Son más rápidos a la hora de responder y también más resolutivos, porque no tienen que rendir cuentas ni pedir autorización a ningún superior.
- Cuidan mucho de su trabajo. Las referencias son muy importantes para ellos, por lo que el nivel de compromiso con el cliente —en este caso contigo— es mucho más alto.

Por otra parte, la ley obliga a estos profesionales a contar con unas titulaciones oficiales para ejercer su trabajo. Esto es una garantía adicional para ti, porque no sucede lo mismo con quienes son empleados de entidades financieras.

Las ofertas que te presente un profesional independiente estarán elaboradas con productos comercializados por entidades financiera supervisadas por las autoridades económicas españolas —Banco de España, Comisión Nacional del Mercado de Valores y Dirección General de Seguros y Fondos de Pensiones–, por lo que contarán con todas las garantías existentes.

Según el diccionario de lengua española de la Real Academia Española (RAE), argot es el lenguaje especial utilizado entre personas de un mismo oficio o actividad.

El mundo financiero también utiliza un lenguaje y unos conceptos distintos a los utilizados en la vida diaria por aquellos que no se dedican a la economía.

Todos sabemos que es el dinero, ¿verdad? Pues veamos cómo se explica el concepto de dinero en términos económicos:

Dinero

Llamamos dinero a todo activo o bien, aceptado como medio de pago o medición del valor por los agentes económicos para sus intercambios, y que además cumple con la función de ser unidad de cuenta y depósito de valor. Las monedas y billetes en circulación son la forma final adoptada por las economías como dinero.

Es muy probable que no se te haya ocurrido pensar en el dinero como unidad de cuenta, medio de pago y depósito de valor. Sin embargo, el dinero forma parte de tu vida cotidiana.

Por esto es importante que cuentes con alguien capaz de entender y después traducirte esa jerigonza profesional al román paladino, es decir, traducir toda esa información incomprensible del lenguaje profesional a la lengua llana y clara que utilizamos habitualmente.

Porque para tomar una decisión acertada es recomendable:

- Tener la capacidad de identificar el problema
- Buscar asesoramiento si es necesario
- Reunir la información necesaria
- Definir los objetivos

Cuando hablé del aprendizaje me referí a la práctica cómo una de las formas de aprender. Utiliza a tu profesional independiente para que te ayude en estos primeros pasos y te sirva de apoyo.

Argot

Del mismo modo que te recomiendo utilizar un experto para iniciar tu andadura financiera, creo que te vendrá bien familiarizarte con algunos términos financieros:

- **Sistema financiero:** El sistema financiero es el conjunto de instrumentos, mercados e instituciones cuya función es canalizar el flujo de fondos desde los ahorradores e inversores hacia quienes necesitan dinero para sus proyectos de inversión, sean empresas, Administraciones Públicas o particulares.

- **Activo:** Un activo es un bien con valor que adquirimos con la intención de que genere un beneficio futuro

- **Activo financiero:** Un activo financiero puede ser una acción, un título, una participación, etc., que otorga a su comprador el derecho a recibir ingresos futuros por parte de quien emite el activo financiero.

  El poseedor de un activo financiero posee un derecho legal, representado por el título, la participación, etc., sobre los activos reales del emisor y el efectivo que generen.

  Pueden ser emitidos por cualquier unidad económica, sea una empresa, un gobierno, etc.

- **Activo real:** Es un bien físico tangible, es decir, un objeto de uso o consumo que tiene valor por sí mismo.

  Ejemplos: metales preciosos, materias primas, bienes raíces, tierras agrícolas, maquinaria o petróleo.

- **Acción:** Cada una de las partes en que se encuentra dividido un capital social. Título que representa los derechos de un socio sobre una parte del capital de una empresa organizada en forma de sociedad. La posesión de este documento le otorga al socio capitalista el derecho a percibir una parte proporcional de las ganancias anuales de la sociedad. Las acciones pueden ser nominativas o al portador, ordinarias o preferentes.

- **Bono:** Se le llama bonos a los títulos de deuda que son emitidos por gobiernos nacionales, regionales o locales, o por empresas, bancos u organismos financieros internacionales, por medio de los cuales el emisor se compromete a devolver el capital del bono junto con los intereses producidos por el mismo.

- **Pagaré:** Documento privado mediante el que un individuo se compromete a pagar a otro, o a su orden, una cantidad determinada de dinero en una fecha cierta. Los pagarés más habituales son los de empresa, los bancarios y los del Tesoro.

- **Renta fija:** La renta fija la constituyen los activos financieros en los que el emisor se obliga a realizar pagos definiendo el importe y el período de tiempo previamente establecidos, por lo que el inversor sabe desde el principio el beneficio que obtendrá.

- **Renta variable:** La renta variable son aquellos activos financieros en los que el inversor adquiere acciones o participaciones de empresas.

  Los beneficios que generan este tipo de activos financieros dependen de los resultados que obtengan las compañías emisoras.

Si quieres más información sobre términos financieros puedes encontrarla en:

Diccionario Económico Servicios de Inteligencia Financiera (S. I. F.).

Certeza

El diccionario de lengua española de la Real Academia Española (RAE) define el término "certeza" de este modo:

1. f. Conocimiento seguro y claro de algo.

2. f. Firme adhesión de la mente a algo conocible, sin temor de errar.

Desarrollando la inteligencia financiera adquirimos el conocimiento y la capacidad necesarios para planificar la estrategia adecuada. Así tendremos la certeza de conseguir un patrimonio económico que tenga la solvencia necesaria para resolver cualquier situación que amenace nuestra estabilidad económica.

Con el fondo base hemos creado una reserva primaria, es decir, una reserva que podremos utilizar para resolver imprevistos puntuales sin que afecten a nuestra economía, pero es solo el primer paso.

Ahora debemos ir dotando a nuestra economía de la capacidad suficiente para responder a cualquier situación, y para esto crearemos tres líneas distintas de inversión.

Cada una de esas líneas está pensada para resolver situaciones distintas:

1. Tener la tranquilidad de contar con la capacidad de solucionar cualquier situación imprevista desencadenada por una circunstancia grave.

2. El destino de la segunda es acumular los recursos necesarios para emplearlos, transcurrido un tiempo, en una meta personal o profesional, un deseo que deseamos satisfacer, etc.

3. Con esta última línea completamos el trabajo de consolidación de nuestra economía, estableciendo una

provisión económica capaz de producir los beneficios necesarios para cubrir todos nuestros gastos, de forma que a partir de ese momento ya no necesitaremos generar ingresos trabajando.

Hasta que hayamos conseguido tener un patrimonio económico que produzca el dinero necesario para cubrir todas nuestras necesidades, no habremos conseguido independencia económica.

📖 BOTAR LA MONEDA

Un hombre que paseaba por la calle vio a lo lejos a un amigo y se acercó a saludarle.

Cuando llegó al lado del amigo, que estaba en la puerta de una sucursal bancaria, se dio cuenta que hacia algo sorprendente: estaba botando una moneda.

El hombre preguntó a su amigo:

—¿Por qué botas esa moneda?

—Todos hemos oído que "dinero llama a dinero" — le respondió el amigo—, así que me he venido a la puerta del banco a probar.

En esto la moneda botó mal en el suelo y comenzó a rodar hacia la puerta del banco en el momento en que una persona salía, y la moneda del amigo siguió rodando hasta el interior de la sucursal.

El amigo miró al hombre. Este le devolvió la mirada y le dijo:

—Es cierto, dinero llama dinero, pero el mucho al poco.

El hombre de la puerta del banco trataba de mejorar su fortuna utilizando una estrategia muy peculiar. En economía es importante utilizar activos de inversión contrastados, es decir activos de los que hay información suficiente para prever cómo se van a comportar en el futuro, permitiéndonos así desarrollar estrategias de inversión sólidas.

Una vez tengamos un patrimonio capaz de generar los beneficios necesarios para cubrir todas nuestras necesidades económicas, podremos dedicarnos a experimentar con otro tipo de inversiones.

Para construir tu patrimonio debes utilizar instrumentos financieros —o inversiones si así lo prefieres— que proporcionen las máximas garantías existentes, de los que se conozca cómo se comportan y con los que puedas realizar ajustes o correcciones futuras si fuera necesario.

Las inversiones especulativas que prometen espléndidos resultados a corto plazo no son las adecuadas durante este proceso.

Sumar o multiplicar

Podemos definir el interés como el índice utilizado para medir la rentabilidad del dinero. Dependiendo de cómo se calcule sobre el capital existen dos tipos de interés:

1. Interés simple
2. Interés compuesto

Interés simple

En el interés simple el porcentaje de beneficio se calcula siempre sobre el capital inicial.

Veamos en dos ejemplos los beneficios que genera el mismo capital, 10.000 €, utilizando interés simple e interés compuesto.

Ejemplo interés simple:

Beneficios producidos por un capital de 10.000 € con una tasa de rentabilidad del 5 % de interés simple:

	Capital	Interés
Año 1º	10.000 €	500 €
Año 3º	10.000 €	500 €
Año 8º	10.000 €	500 €
Año 12º	10.000 €	500 €
Año 15º	10.000 €	500 €
Año 20º	10.000 €	500 €
Año 25º	10.000 €	500 €
Año 30º	10.000 €	500 €
Capital		**10.000 €**
Intereses		**15.000 €**
Resultado final		**25.000 €**

Interés compuesto

En el interés compuesto se calcula el interés sobre el capital inicial, y cada año al capital inicial se van acumulando los intereses producidos, para que estos también generen nuevos intereses.

Es un sistema multiplicador del dinero porque a medida que los intereses producidos se suman al capital inicial, el importe va aumentando y los resultados que se van generando son siempre mayores que los anteriores.

Ejemplo interés compuesto:

Beneficios producidos por un capital de 10.000 € con una tasa de rentabilidad del 5 % de interés compuesto:

	Capital	Interés
Año 1º	10.000 €	500 €
Año 3º	11.025 €	551 €
Año 8º	14.071 €	704 €
Año 12º	17.103 €	855 €
Año 15º	19.799 €	990 €
Año 20º	25.270 €	1.263 €
Año 23º	29.253 €	1.463 €
Año 25º	32.250 €	1.613 €
Año 30º	41.161 €	2.058 €
Capital		**10.000 €**
Intereses		**31.161 €**

Está bien claro. Si quieres sumar invierte con interés simple; si lo que quieres es multiplicar, no hay duda: elige una inversión con interés compuesto.

Tu dinero tiene que trabajar para ti, para tu beneficio. Imagina que eres un empresario: deberías dotar a tus trabajadores de los elementos necesarios para que hicieran su trabajo lo mejor posible, porque haciendo eso conseguirás mejores resultados. Tu dinero también necesita lo mejor para poder proporcionarte resultados óptimos y el interés compuesto es lo mejor.

El interés es el perfume del capital.

VOLTAIRE (1694-1778)

ESCRITOR Y FILÓSOFO FRANCÉS

Emergencia

Ya hemos establecido un fondo base con una cantidad de dinero suficiente para disponer de unos recursos mínimos. Ya tienes una red de seguridad económica que protege tu integridad financiera ante circunstancias imprevistas.

Pero ese fondo es limitado, y en la vida de cualquier persona pueden aparecer situaciones mucho más complejas que reparar una avería del coche o comprar un nuevo electrodoméstico para sustituir al averiado.

Situaciones en las que peligre seriamente nuestra estabilidad económica, porque no sabemos cuándo puede surgir un imprevisto que altere nuestro ritmo de vida habitual y ponga nuestra economía en situación de emergencia. Por ejemplo, la pérdida del trabajo o de la forma que tengamos para generar ingresos.

La economía consiste en saber gastar y el ahorro en saber guardar. La economía es la siembra y el ahorra la cosecha.

O. S. MARDEN (1848-1924)

ESCRITOR Y MÉDICO EEUU

Por eso vamos a crear un fondo de emergencia que va a actuar como una segunda línea de defensa de nuestra economía, capaz de resolver una crisis en la que, por una u otra razón, dejemos de percibir los ingresos correspondientes a nuestra actividad económica. Por ejemplo, la pérdida del trabajo, un problema de salud, un accidente, etc.

Este fondo de emergencia tiene que contar con el dinero necesario para hacer frente a nuestros gastos fijos: hipoteca o alquiler, seguros, colegios, gastos domésticos, comida, luz, etc., durante un mínimo de seis meses, aunque lo ideal es poder hacer frente a estos gastos durante un año. Una vez cubierto este fondo podrás ocuparte del siguiente paso.

A un fondo de emergencia le tenemos que pedir:

- **Liquidez:** El dinero destinado a este fondo no puede estar en una cuenta corriente, ni aunque sea de "alta rentabilidad", por el bajo interés que tienen estos productos bancarios, pero es imprescindible que disponga de liquidez inmediata y podamos recuperar rápidamente el dinero en caso de necesidad.

- **Seguridad:** Debe estar constituido por productos financieros que no tengan ningún riesgo, porque podemos necesitar el dinero sin previo aviso y por eso es preceptivo utilizar activos estables.

- **Rentabilidad:** Eligiendo adecuadamente los activos, este fondo puede producir una buena rentabilidad gozando, a la vez de alta liquidez y seguridad.

Ante una situación imprevista, y sin contar con este fondo, tendrías que recurrir a un préstamo o pagar con tarjeta de crédito, pero recuerda: *"Las deudas son el principio de la vuelta a la esclavitud"*.

Deseo

Hemos hecho grandes progresos y tenemos ya dos barreras que salvaguardan nuestra economía ante las inesperadas situaciones con las que nos sorprende la vida. Ahora vamos a ocuparnos de desarrollar una reserva con el objetivo de utilizarla en un plazo determinado de años, por ejemplo, seis.

Esta ya no es un apagafuegos, como las dos que hemos creado hasta ahora. Esta es para comenzar a anticiparnos a las necesidades futuras, aunque también la podemos utilizar para satisfacer algún deseo, etc.

Por ejemplo, si tienes que cambiar de coche en unos años y comienzas a acumular dinero ahora, cuando llegue el momento de la compra de tu vehículo nuevo no tendrás que financiarlo y la parte que tendrías que pagar a la financiera o banco seguirá en tu poder, trabajando para ti.

También es posible que tengas un hijo estudiando, y en unos años resultaría conveniente que hiciera un máster en una universidad que –cómo no–, estará a más de 7.000 km de tu casa. Con este fondo podrá hacer el máster sin que la familia se endeude.

O puede ser que tú tengas el sueño de viajar al otro extremo del globo para poder disfrutar de una experiencia que desde hace años quieres vivir, pero por una cosa o por otra nunca ha sido posible. Este fondo te permitirá cumplir tu sueño.

Elección de activos

Cuando ya hemos cubierto estas etapas tenemos que ocuparnos de establecer un fondo a largo plazo, en el que nuestro dinero va a crecer mientras nosotros observamos cómo los intereses se van acumulando mes tras mes y año tras año, proporcionándonos cada vez mayor tranquilidad. Y no hablo de tranquilidad económica exclusivamente.

Este fondo tiene como objetivo acumular nuestro dinero para que podamos decidir hasta cuando vamos a trabajar o en qué queremos trabajar. Como ya no estamos condicionados por la necesidad, el dinero ha dejado de ser un elemento inquietante para nosotros. Ahora es un subordinado nuestro, trabaja para nosotros y también se ha convertido en un aliado en lugar de un enemigo duro de pelar.

Cuando elijas activos ten en cuenta que la palabra clave es diversificar. Si tu patrimonio está adecuadamente diversificado y correctamente gestionado, tu camino será sencillo y mantendrás un crecimiento óptimo y constante de tu dinero.

Un regalo adicional

Somos seres complejos, con diferentes sistemas que se relacionan entre sí. Vivimos y sentimos a través de nuestro cuerpo, mente y sistema emocional, percibimos la información a través de nuestros sentidos y la procesamos en la mente.

Dependiendo de los estímulos percibidos, nuestro cerebro reacciona enviando las órdenes adecuadas que provocarán cambios en nuestro comportamiento, sentimientos, postura corporal, etc.

El estrés es la respuesta de nuestro organismo ante situaciones o pensamientos que nos hacen sentir frustrados, furiosos, asustados, y es un mecanismo de defensa que funciona igual desde que los humanos éramos hombres primitivos que servían de alimento y nos enfrentábamos a un sinnúmero de animales peligrosos.

En nuestra sociedad actual las amenazas a las que nos enfrentamos son distintas. Entre estas amenazas "modernas" que generan estrés en nosotros encontramos: llegar tarde a una reunión de trabajo, acudir a una llamada del jefe que nos ordena ir inmediatamente a su despacho, la incertidumbre económica, etc.

Es muy poco probable que perdamos la vida cuando nos enfrentamos a una de estas amenazas, pero nuestro organismo no distingue entre unas y otras, por lo que sigue desarrollando la misma respuesta hoy que hace milenios.

En todo este proceso que se desencadena en nuestro organismo está implicado un neurotransmisor llamado cortisol. Se trata de una hormona de naturaleza corticoide que segregan nuestras glándulas suprarrenales.

Se han realizado estudios que establecen una relación entre el hecho de tener unos niveles elevados de cortisol y la aparición de problemas digestivos, presión arterial alta, disminución de la eficacia del sistema inmune, etc.

Voy a poner un ejemplo para explicar por qué contar con respaldo económico nos puede ayudar a disfrutar de una vida mejor. Imaginemos que se produce una de esas situaciones que habitualmente se ponen como ejemplo desencadenante del estrés: la llamada inesperada del jefe, que nos reclama urgentemente en su despacho.

Imagina acudir a ese despacho sin saber qué quiere tu jefe de ti y teniendo la necesidad de mantener el puesto de trabajo para poder seguir adelante.

Ahora imagina acudir a la misma llamada, pero habiendo constituido el fondo base y el fondo de emergencia, o si lo prefieres, cuando ya estás inyectando dinero al fondo a largo plazo.

¿En cuál de los dos ejemplos te gustaría ser el protagonista, el empleado convocado por su jefe?

Yo ya estoy en el segundo. ¿Y tú?

¿También dispones de respaldo económico? Sí/No

¿Y cuánto tiempo vas a esperar para tenerlo?

Reflexiones finales

Desde el día en que nacemos, es decir, desde el día en que nos "desalojan de nuestra primera casa", nuestra vida es una sucesión de cambios con los que vamos aprendiendo diversas habilidades que nos serán útiles para relacionarnos, comunicarnos, etc.

Después comenzamos la etapa escolar, en la que ya no somos nosotros los que imponemos los horarios, como ha sucedido desde el momento en que nacimos. Ahora tenemos que adaptarnos a unos horarios y aprender comportamientos nuevos para nosotros.

El periodo escolar da paso a nuestra incorporación al mundo laboral, donde probablemente desempeñaremos algún trabajo relacionado con la educación que hemos recibido.

Estamos de nuevo en un entorno distinto y desconocido para nosotros. Adquirimos nuevas responsabilidades y a cambio recibimos una compensación económica por dedicar nuestro tiempo y conocimientos a la empresa que nos haya contratado.

Desde que comenzamos la etapa escolar de nuestra vida con tres años, hasta que la terminamos con más de veinte estamos recibiendo enseñanzas que servirán para convertirnos en personas útiles a la sociedad.

Sin embargo, en ninguno de los cursos que realizamos durante toda nuestra etapa formativa hay una asignatura que nos prepare para desarrollar las habilidades necesarias para gestionar adecuadamente los ingresos que, en el momento de nuestra incorporación al mundo laboral, comenzaremos a percibir.

No nos hablan de lo importante que es no gastar más de lo que ingresamos, nadie nos explica lo sencillo que es hacer un presupuesto de gastos y ajustarlo para no gastar todo lo que cobramos o incluso más de lo que cobramos.

Sin embargo, desde pequeños estamos sometidos a una constante avalancha de estímulos tendentes a que gastemos todo nuestro dinero en "artilugios", perfumes, experiencias, etc., que van a hacer de nuestra vida "la experiencia más maravillosa que nunca hubiéramos podido imaginar".

Las oportunidades para gastar son infinitas: ropa, música, teléfonos, ordenadores, coches, viajes, etc. Si hemos tenido la suerte de nacer en una familia que organiza bien sus finanzas deberíamos comenzar a dar gracias y no cansarnos de hacerlo nunca.

Ya estás trabajando y cobras un dinero por el trabajo que realizas. ¿Alguien te había dicho que además de trabajar para ganar dinero puedes hacer que tu dinero trabaje para ti?

Desde luego, debes mantener la capacidad de aprendizaje viva, y no solo para mejorar profesionalmente, sino para incorporar los conocimientos necesarios que te permitan entender cómo funciona el dinero, para ser capaz de construir un patrimonio económico con el que puedas vivir cada vez más tranquilo, afrontar la realidad con una perspectiva diferente y disfrutar de una mejor calidad de vida.

Vamos a suponer que una persona comienza a trabajar con veinticuatro años. Está comenzando su vida, y tres años después conoce a alguien con quien le gustaría compartir su vida.

Estas dos personas jóvenes están viviendo todavía en los correspondientes hogares familiares, y un par de años después deciden que quieren comprar una vivienda y comenzar una vida independiente.

Si no se han preocupado de crear una reserva económica, tendrán que ir al banco a pedir un préstamo para poder comprar una vivienda.

Pero si durante el tiempo en que han estado trabajando y viviendo en casa de sus respectivos padres han derivando unas cantidades desde su cuenta bancaria a un producto financiero con interés compuesto, pasaría esto:

— Ingresos personales: 1.000 € cada uno.
— Gastos personales: 500 € cada uno.
— Inversión: 1.000 € mensuales.
— Comienzan a trabajar con 24 años.

Estas dos personas han estado seis años trasvasando una parte de sus ingresos –500 € mensuales cada uno, una parte importante porque al vivir con sus padres no soportan casi ningún gasto– a un producto financiero con el que han conseguido un 5 % de rentabilidad anual acumulada.

Al sexto año nuestros protagonistas han acumulado un capital de 86.448 €, con los que pueden afrontar esta nueva etapa de su vida de una forma bastante distinta a como lo hacen la mayoría de las personas.

No es necesario ser un magnate de las finanzas. Lo único que hay que hacer es aprender las reglas que rigen el mundo financiero, buscar un profesional independiente, comenzar a entender cómo se puede desarrollar la inteligencia financiera y disfrutar de la vida.

Sentir que contamos con un respaldo económico nos ayuda a todos los niveles, nos proporciona calma, perspectiva, capacidad para comprar sin necesidad de pagar intereses por lo que compramos, etc.

Lo más importante es mantener esa capacidad de aprendizaje con que la naturaleza nos ha dotado y no perder jamás nuestra capacidad para asombrarnos, para disfrutar con cada momento de la vida, con cada realidad que nos encontremos, con cada sendero por el que estemos caminando.

Y por supuesto no tener miedo, porque el miedo nos puede paralizar y hacer de nosotros unos prisioneros sin celda que nunca podrán ser libres.

Abre bien tus ojos y disfruta cuando te encuentres ante algo nuevo o desconocido, porque eso es lo maravilloso de la vida: la enorme cantidad de variables que pone ante nosotros; y nuestra "obligación" es no perder la oportunidad de disfrutar de ninguna de ellas.

La inteligencia financiera no se desarrolla con una calculadora en la mano. La clave está en entender que todo lo que sucede en nuestras vidas está interrelacionado, que la ley de causa y efecto rige nuestras vidas y que hoy somos el resultado de nuestras acciones pasadas.

Que nuestra vida comienza todos los días cuando nos despertamos, abrimos los ojos y tenemos por delante un día completo en el que podemos hacer las cosas de mil maneras distintas. Unas nos conducirán a un destino y otras a otro distinto.

Cada decisión que tomamos nos obliga a tomar nuevas decisiones, y lo mejor de todo es que podemos equivocarnos sin temor a causar daños irreversibles a otras personas o a nosotros mismos, porque a la vista de los acontecimientos que se vayan desencadenando siempre podremos, tomando una nueva decisión, reconducir la situación.

Lo importante es aceptar la responsabilidad de nuestros actos en lugar de buscar chivos expiatorios a quienes cargar con nuestra responsabilidad cuando cometemos un error.

Sorpréndete, extráñate, disfruta con todo lo que te ayude a entender mejor que la vida no se compone de palabras. La vida es una sucesión de hechos que van configurando nuestro paisaje vital.

Este paisaje vital no lo dibuja nadie más que nosotros, porque la realidad en la que vivimos es un cuadro que día a día pintamos nosotros mismos.

Así que tú decides si quieres que tu vida se desarrolle en un escenario como el que pintó Pieter Brueghel el Viejo en su cuadro *El Triunfo de la Muerte*, o prefieres elaborar diariamente una realidad más agradable.

Las barreras, que cada vez son más barreras inmateriales, las levantamos nosotros mismos. Así que permíteme que para despedirme utilice la introducción al poema *El Diablo Mundo*, fantástico poema creado por Víctor Almirall y que D. José Ignacio Javier Oriol Encarnación de Espronceda Delgado, mas conocido como José de Espronceda, no pudo concluir.

JOSÉ DE ESPRONCEDA

Boguemos, boguemos, hagamos caso a D. José de Espronceda y rompamos nubes, nieblas, llamas, densas tinieblas o cualquier obstáculo real o imaginario para dejar atrás las tierras estériles, y descubrir un nuevo universo en el que podemos conseguir una vida mejor simplemente desarrollando nuestra inteligencia financiera.

Patrocinio

Este libro está patrocinado por Servicios de Inteligencia Financiera la empresa que te enseña a crear y gestionar tu patrimonio económico para que puedas vivir más tranquilo. Te ayudamos facilitándote: Educación, Asesoramiento y Gestión económica.

Educación. Te proporcionamos las claves necesarias para que aprendas cómo funciona el mundo del dinero y consigas los mejores resultados posibles para tu economía personal.

Asesoramiento. Te acompañamos en tus primeros pasos para que cuentes con el apoyo y la colaboración de un profesional independiente.

Gestión. Realizamos las gestiones necesarias facilitándote cualquier trámite, procedimiento, actuación... Con nuestra empresa colaboran los mejores profesionales independientes del sector financiero español implicados en el marco del Programa para el Desarrollo de la Cultura Financiera en España.

Esta iniciativa está promovida por la Fundación para el Desarrollo de la Cultura Financiera en España.

 Web: **www.serviciosinteligenciafinanciera.com**

 E-mail: **info@serviciosinteligenciafinanciera.com**

 Tfno.: **607 603 608**

Nuestras colecciones

Guías para todos aquellos que deseen ampliar sus conocimientos sobre asuntos específicos, grandes personajes, épocas, culturas, religiones, etc., ofreciendo al lector una amplia y rica visión de cada una de las temáticas, accesibles a todos los lectores.

Guías para gestionar con éxito un negocio, vender un producto, servicio o causa o emprender. Pautas para dirigir un equipo de trabajo, crear una campaña de marketing o ejercer un estilo adecuado de liderazgo, etc.

Guías para optimizar la tecnología, aprender a escribir un blog de calidad, sacarle el máximo partido a tu móvil. Orientaciones para un buen posicionamiento SEO, para cautivar desde Facebook, Twitter, Instagram, etc.

Guías para crecer. Cómo crear un blog de calidad, conseguir un ascenso o desarrollar tus habilidades de comunicación. Herramientas para mantenerte motivado, enseñarte a decir NO o descubrirte las claves del éxito, etc.

Guías prácticas dirigidas a la salud y el bienestar. Cómo gestionar mejor tu tiempo, aprenderás a desconectar o adelgazar comiendo en la oficina. Estrategias para mantenerte joven, ofrecer tu mejor imagen y preservar tu salud física y mental, etc.

Guías prácticas para la vida doméstica. Consejos para evitar el cyberbulling, crear un huerto urbano o gestionar tus emociones. Orientaciones para decorar reciclando, cocinar para eventos o mantener entretenido a tu hijo, etc.

Guías prácticas dirigidas a todas aquellas actividades que no son trabajo ni tareas domésticas esenciales. Juegos, viajes, en definitiva, hobbies que nos hacen disfrutar de nuestro tiempo libre.

Guías para aprender o perfeccionar nuestra técnica en deportes o actividades físicas escritas por los mejores profesionales de la forma más instructiva y sencilla posible,

Bolsa

GuíaBurros Bolsa es una guía básica con todo lo que necesitas saber para invertir con éxito.

+INFO

http://www.bolsa.guiaburros.es

Economía de acceso

GuíaBurros Economía de acceso

Todo lo necesario para conocer las nuevas
economías

Nuestra colección

www.ingramcontent.com/pod-product-compliance
Lightning Source LLC
LaVergne TN
LVHW091507170726
843492LV00001B/383